선택

"노력하는 방황"

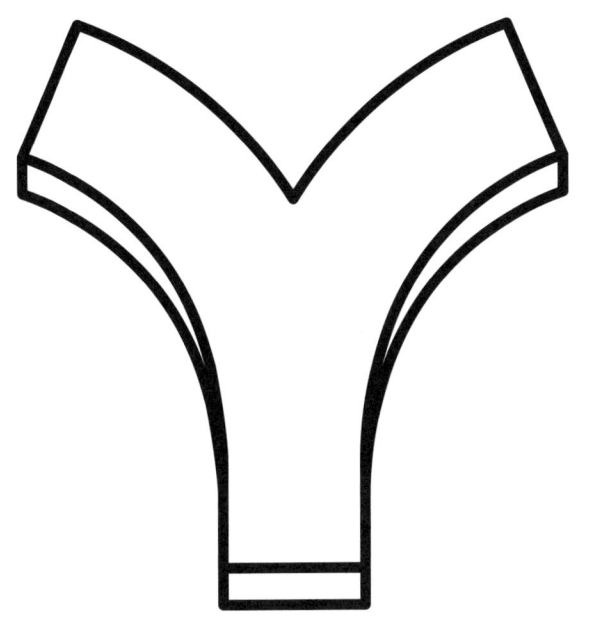

선택

김운하 지음

은행나무

들어가며 아무것도 선택하지 않는 남자　6

1장　살아간다는 것과 선택한다는 것

밤 새우는 이유　17

선택의 짐　20

그러나 사실은…　26

2장　선택을 할 때 먼저 생각해야 하는 것들

선택하는 몸　34

아홉 번째 남자　39

객관적 상황과 조건의 제약　42

3장　합리와 비합리 사이

합리적이고 이성적이라는 말이 가지는 의미　47

사실상 불가능한 모델　50

결국은 마음 가는 대로　54

4장 마음의 구조

의식은 탁월한 소설가 61

착각하는 감정 67

우리는 보고 싶은 것만 본다 75

운전수는 둘 79

무에 대한 스케치, 그림 없는 초안 83

5장 가능세계의 선택

긍정할 수 있는 가능세계 95

상황들 98

전혀 엉뚱한 것이 되는 순간 107

6장 선택도 리콜이 되나요?

후회의 무한루프 118

만약 그때 그랬더라면 124

해석은 변하고 삶은 계속된다 129

나가며 우리에게 달려 있는 것, 달려 있지 않은 것 137

인명과 개념 설명 148

참고문헌 154

들어가며 아무것도 선택하지 않는 남자

한 남자가 기차역 대합실 벤치에 앉아 있다. 그는 아무런 행동도 하지 않고 계속 벤치에 앉아 망연히 시간만 보내고 있다. 시간은 계속 흐르고, 결국 남자는 그 자리에서 잠든 채 밤을 지새우고 만다. 그 남자는 도대체 왜 그렇게 하염없이 벤치에 앉아 있기만 했던 것일까? 불행히도, 그 남자는 아주 독특하고 기이한 병적인 증세를 앓고 있다. 바로 아무것도 선택할 수 없는 선택불능증에 걸린 것이다.

이 남자의 이름은 제이콥 호너. 사실 그는 미국의 소설가 존 바스John Barth의 허무주의적인 블랙코미디 소설 《여로의 끝》에 나오는 주인공이다. 제이콥 호너는 왜 아무것도 선택할 수 없는 결정불능 상태에 빠졌는가? 그것은 그가 보기에 자신이 생각할 수 있는 여러 가능성들 가운데서 어떤 것을 선택하든, 그 선택들이 낳는 결과가 모두 똑같은 가치를 지닌다고 생각하기 때문이다. 결과의 가치가 동일하다면 더 좋은 선택도 없고, 더 나쁜 선택도 없다. 물론 아무 선택을 하지 않는 것도 하나의 선택이긴 하다. 다만 그는 가만히 있는 것이나 몸을 움직여 다른 선택 행동을 하는 것이나 그 결과의 값어치가 똑같다고 느낄 뿐이다. 오히려 지금 상태에서 다른 상태로 옮겨 가는 데는 공연히 에너지만 더 들 뿐이다. 그래서 그는 아무것도 할 수 없고, 하고 싶지도 않다. 그는 모든 선택의 결과에 대해서 절대적으로 무관심하다. 그래서 그는 기차역 벤치에 꼼짝도 않고 가만히 앉아 있을 뿐인 것이다.

실제로 누군가가 이런 생각을 한다면 이보다 더 허무주의적일 수는 없을 것이다. 어떤 선택이든 결과를 낳게 마련이다. 그런데 그 결과들에 대해 완전히 무관심할 뿐 아니라, 모든 결과들에 대해 아무런 가치평가를 할 수 없다면 도대체 삶이라는 것이 가능하기나 하겠는가?

세상의 모든 사람들이 제이콥 호너처럼 아무 선택도 하지 않는 기이한 선택을 한다면, 각 개인의 삶뿐 아니라 인간 사회 전체가 붕괴하고 말 것이다. 바로 이런 의미에서 우리의 삶은 매 순간 이루어지는 무수한 선택들로 이루어진다고도 말할 수 있을 것이다.

다행히도 이 세상에는 제이콥 호너와 같은 인물은 거의 없다. 허구의 인물인 제이콥 호너는 역설적인 방식으로 인생에서 선택이 차지하는 비중과 가치를 선명하게 드러내 보인다고 할 수 있다. 삶 자체를 완전히 부정하지 않는 한, 삶을 살기 위해서는 선택이라는 문들을 매 순간 통과해 지나가야만 한다.

삶이라는 복잡한 무대 위에서 우리는 매일 수많은 선택의 갈림길에 직면한다. 그리고 어떤 방식으로든 결정을 내리며 나아간다. 또 기왕이면 그 선택들이 '좋은 선택'이길 바란다. 좋은 선택이란, 다른 선택을 했을 때보다 더 좋은 결과를 가져다주는 선택을 말한다. 달리 말해 우리는 모든 선택에는 어떤 '가치'가 들어 있다고 믿는다.

오늘 저녁에 뭘 먹을 것인지와 같은 사소해 보이는 문제로 고민할 때조차도 여러 메뉴들 가운데 하나를 선택하거나 아니면 차라리 다이어트를 위해 한 끼를 굶는 것이 자신에게 '더 좋다'는 판단을 내리는 것이다. 어디 그뿐이겠는가? 대학을 갈 것인지 말 것인지, 대학에 간다면 어느 대학, 어떤 학과를 전공할 것인지 하는 문제에서부터, 직업과 직장, 배우자를 고르는 것과 같은 굵직굵직한 문제들에서도 우리는 어떻게든 선택을 해야만 한다. 어떤 문제들에서는 밤을 하얗게 지새우면서까지 이것이냐 저것이냐 하는 선택 문제로 고뇌를 거듭하기도 한다.

나아가 순간의 선택이 인생을 크게 좌우하기도 한다. 선택은 순간에 이루어지지만 그 결과는 영구적인 결과를 낳는다. 모든 선택은 결코 되돌릴 수 없는 불가역적인 시간 속에서 이루어진다. 시간의 모래시계는 오직 한 방향으로만 흐르기 때문이다. 사소한 선택 하나가 치명적으로 불행한 미래를 불러들일 수도 있고, 반대로 분에 넘치는 커

다란 행운을 선물처럼 가져다줄 수도 있다. 그런 관점에서 본다면 우리에게 선택의 책임이 주어져 있다는 사실이 너무 무겁고 심지어 불공정해 보이기도 한다. 인간 인지능력의 제약과 불완전성을 감안하면 더더욱 그렇게 느껴진다.

인생극장과 마법의 거울

예전에 한 예능 프로그램에 '인생극장'이라는 코너가 있었다. 개그맨 이휘재가 선택상황에서 갈팡질팡 고민하다 주먹을 불끈 쥐며 "그래 결심했어!" 하던 그 말이 당시에 크게 유행이 되기도 했다. 매주 그 코너는 양자택일의 갈림길에서 어떤 선택을 하느냐에 따라 이후 미래의 삶이 완전히 다른 모습으로 흘러가는 걸 보여주었다. 한때 시청률이 40퍼센트를 넘을 정도로 그 코너가 큰 인기를 끌 수 있었던 이유는 무엇일까? 순간의 선택이 우리 인생의 성패와 행불행을 좌우해버릴 정도로 크고 중요한 문제라는 것, 그럼에도 좋은 선택을 하는 것은 어렵고 복잡한 문제라는 데 시청자들이 공감했기 때문일 것이다.

중요한 인생의 고비가 될 선택의 갈림길에서 남몰래 고민할 때마다 그 '인생극장' 코너처럼 각각의 선택지가 그려내는 미래의 모습을 비교해서 보여주는 마법의 거울이 있으면 얼마나 좋을까? 그래서 더 나은 선택을 할 수 있으면 얼마나 좋을까? 그러면 잘못된 선택이 빚어낸 나쁜 결과로 큰 고통과 불행을 겪을 일도 없고 또 가슴을 치며 후회하며 슬퍼할 일도 없지 않을까?

그러나 그런 마법의 거울은 없다. 설사 그런 마법의 거울이 있다고 하더라도 실제 우리의 삶에는 크게 도움이 되진 않을 것 같다. 두 가지 이유 때문이다. 첫째, 인생의 어떤 순간이 정말로 결정적인 순간인지 알기가 쉽지 않다. 실제 삶에서는 아주 사소한 순간의 선택이 인생을 결정지어버릴 수 있기 때문이다.

기네스 팰트로가 주연을 맡았던 영화 〈슬라이딩 도어즈〉가 바로 그런 이야기다. 영화는 지하철 출입문이 막 닫히는 순간에 문을 열고 지하철을 타는 경우와 그냥 기다렸다 다음 지하철을 타는 두 가지 경우를 비교하여 주인공의 운명이 각기 어떻게 급변하는지를 보여준다. 황급하게 지하철에 올라타려는 순간에 마법의 거울을 꺼내들 여유를 가질 수 있는 사람은 없다. 설마 이 선택이 그렇게 중요할까 하고 생각하기 쉽다. 그러나 영화는 바로 그 사소한 선택과 결정이 주인공의 생사를 갈라 버릴 수도 있음을 보여준다. 그 영화처럼, 우리는 '어떤 순간'이 과연 진정으로 중대하고 결정적인 순간인지를 결코 미리 알 수 없다. 마법의 거울을 손에 쥐고 있다 할지라도!

둘째, 그런 마법의 거울은 오히려 결정장애에 빠진

제이콥 호너처럼 우리를 아무런 결정도 못 내리는 무기력 상태에 빠뜨릴 수 있다. 당신이 만일 배우자를 찾고 있다고 해보자. 당신은 새로운 상대를 만날 때마다 마법의 거울을 꺼내들 것이고, 그때마다 거울이 그려 보이는 미래는 아마도 당신이 생각하는 완벽하게 아름답고 행복한 미래가 아닐 것이다. 왜냐하면 마법의 거울을 손에 든 당신은 어떤 선택이든 당신의 기대를 극대화하는 선택을 추구하게 만들겠지만, 현실은 그런 기대극대화의 가능성을 거의 용납하지 않을 것이기 때문이다. 그러므로 마법의 거울로 끊임없이 선택을 비교하며 완벽한 선택만을 추구하는 당신은 평생 왕자나 공주만을 꿈꾸고 갈망하다 쓸쓸히 늙어가는 어리석은 사람이 되지 않으리란 보장이 없다. 젊음은 영원하지 않고, 삶의 시간은 우리에게 무한정한 선택의 기회를 제공하지 않는다.

그런 관점에서 본다면, 우리에게 그런 마법의 거울이 없는 것이 오히려 축복인지도 모른다. 황금을 좋아하여 손으로 만지는 모든 것을 황금으로 변하게 해달라는 소망을 갖고 있던 미다스 왕 이야기가 있다. 그런데 정작 소망이 이루어지자 손이 닿는 모든 것이 황금으로 변해버려 오히려 굶어 죽을 지경에 처하지 않았던가. 손에 닿는 모든 것을 황금으로 변하게 만드는 미다스 왕의 손은 축복의 손이 아니라 저주의 손이 되어버렸던 것이다.

결국 미다스 왕은 마법의 손 대신 평범한 원래의 손을 갖게 된 것과 같이 우리는 마법의 거울이 없는 원래의 자신으로 삶의 어려운 선택 문제에 마주 설 수밖에 없다. 우리는 마치 눈뜬 장님처럼, 미래에 대해선 아무것도 모르는 상태로 매 순간과 만나고, 우리의 연약한 지혜와 판단에 의지해 선택을 해야만 한다. 선택의 기준, 선택의 목표, 각 선택지에 대한 예측, 합리적인 선택의 방법, 이 모든 것을 자기 자신에게서 찾는 수밖에 없다. 그것이 사소한 것이든 중요한 것이든 근본적으로는 각자 살아가면서 만나게 되는 여러 가지 선택상황에서 선택은 각자의 몫이다. 그리고 각 선택상황에서 가능하다면 최선의 선택을 하길 원한다. 다시 말해 우리는 좋은 선택자가 되기 원하고, 좋은 선택의 기술을 갖기를 원한다. 또 우리는 인간만이 가졌다고 하는 이성적 판단 능력을 통해 좋은 선택을 할 능력이 있다고 믿는다.

그러나 과연 선택의 문제에서 유일하게 고려해야 할 문제가 좋은 선택의 방법이나 기술 문제뿐일까? 우리 자신이 그렇다고 믿고 있는 것처럼, 과연 우리가 정말로 합리적이고 이성적인 선택자일까? 오히려 우리는 선택의 기로에서 머리로는 이성적이고 합리적인 대안을 택하지만, 정작 감정을 통제하지 못하여 감정적인 결정에 따르지 않던가? 혹은 우리가 합리적이기보다 비합리적이고 모순

된 존재여서 합리적인 선택자가 되기엔 우리 마음의 인지적 제약들이 너무 많고, 그래서 우리의 삶이 더 어려워지는 건 아닐까? 또 흔히 순간의 선택이 평생을 좌우하며, 삶은 우리가 내리는 모든 선택과 그 결과의 총합이라는 상식적인 진리가 과연 정답일까? 그런 말들은 선택 문제가 갖고 있는 복잡하고 구조적인 문제들을 사실상 감추어버리고 있지는 않을까? 그래서 오히려 우리로 하여금 선택 문제를 객관적이고 명료하게 이해함으로써 더 좋은 선택자가 되는 걸 가로막는 것은 아닐까? 나의 문제 의식은 바로 그런 의문과 반성에서 출발한다.

선택이 어려운 까닭은 아무리 심사숙고해서 내린 것이라도 그것이 초래하는 결과가 우리의 의도와 전혀 다른 엉뚱하게 나타나기도 하기 때문이다. 또 단기적으로는 좋은 선택인 것처럼 보인 결정이 오랜 시간이 흐른 후에는 엄청나게 후회하게 되는 일이 되거나 혹은 그 정반대의 상황도 나타난다. 사실 삶이란 참으로 가차없이 잔혹한 것이기도 하여, 가장 합리적이고 이성적으로 내린 판단이 오히려 최악의 결과를 빚어내기도 한다.

프랑스의 실존주의 철학자 사르트르가 쓴 〈벽〉이라는 단편이 있다. 소설의 주인공은 나치에 맞서 저항운동을 하다 붙잡혀 지하감옥에 갇혀 있다. 그는 내일이면 사형을 당할 처지다. 사형을 당하게 된 까닭은 나치의 끈질긴 회

유와 협박에도 끝까지 동지들이 숨은 아지트를 자백하지 않았기 때문이다. 나치는 마지막으로 그에게 목숨을 살려주는 대가로 자백을 강요한다. 이미 죽을 각오를 한 주인공은 그들을 비웃으며 "무덤에나 가보라지!" 하며 동지들이 전혀 갈 법하지 않은 장소를 말한다. 그런데 하필이면 그의 동지들은 그 순간에 보다 안전한 장소를 찾아 무덤 파는 인부의 집으로 이동한다. 결국 동지들은 체포되고 주인공은 살아 남는다. 잔혹할 정도로 불가해한 삶이다. 그 삶이 주인공의 신념과 선택을 비웃듯이 배반하며 주인공에게 죽음보다 못한 배신자의 삶을 던져준다. 동지를 배신하느니 차라리 사형을 당한다는 신념으로 가장 이성적이고 합리적인 선택을 했는데, 결과는 엉뚱하게도 주인공에겐 최악의 결과로 나타나 버린 것이다.

고대 그리스의 비극작가 소포클레스의 희곡 《오이디푸스 왕》도 비슷한 이야기를 들려준다. 테베 왕국의 왕 오이디푸스는 스핑크스의 저주를 풀 정도로 인간세상에서 가장 똑똑한 인간으로, 그는 자신이 다스리던 왕국에 재앙이 닥치자 마치 형사처럼 그 재앙을 초래한 범인을 추적한다. 물론 그가 찾던 범인이 바로 자기 자신이라는 사실은 상상조차 하지 못한다. 아버지를 죽이고 어머니와 결혼하게 될 것이라는 운명을 피하고자 했지만, 운명을 피하기 위해 했던 그의 선택이야말로 운명이 파놓은 함정 속으로 빠져드는 길이었던 것이다.

선택이 우리를 가장 곤혹스럽게 하는 점이 바로 그런 것이다. 우리의 지혜와 지식은 한정되어 있다. 구할 수 있는 정보는 제한적이고, 결정을 내려야 하는 시간 또한 무한정 우리를 기다려주지 않는다. 일상생활 속에서는 많은 선택상황들이 순간적인 결정을 요구한다. 이런저런 갑작스런 상황에서 우리는 자신도 이해할 수 없는 충동과 감정에 휩싸여 두고두고 후회할 나쁜 선택을 해버리기도 한다. 더욱이 미래는 너무 불확실하고 예측불가능하다. 아무리 뛰어난 지성이 있다 하더라도, 오이디푸스 왕이 그랬던 것처럼, 선택상황이 감추고 있는 대안과 변수들을 모두 계산하고 예측하는 일은 불가능한 것이다. 이처럼 선택의 관점에서 우리 존재와 삶을 관찰할 때, 삶이 감추고 있는 또 다른 수수께끼들에 접근하게 된다.

선택 문제는 나 자신이 범했던 무수한 시행착오와 오류, 실패를 겪으면서 숙고해왔던 문제다. 인생의 경험과 지혜의 부족으로 큰 후회를 하게 될 선택을 많이 했다. 때로는 객관적인 상황 자체가 선택을 제약하기도 했으며, 선택의 결과가 의도나 예측과는 전혀 다른 엉뚱한 결과를 빚어내는 것도 보았다. 내가 뒤늦게나마 선택의 관점에서 세상과 인생을 바라보게 된 것도 그런 실제적인 경험과 고민의 결과다.

①

살아간다는 것과
선택한다는 것

밤 새우는 이유

언젠가 한 송년 파티 때 '테이블 토크'라는 게임을 한 적이 있다. 수많은 종이 카드에 하나씩 질문이 적혀 있다. 게임이 시작되면 한 사람이 카드를 한 장 뽑아 질문을 읽고, 질문을 읽은 사람이 먼저 그에 대한 생각을 말한다. 그러면 자연스럽게 그 질문을 둘러싸고 흥미진진한 토론이 이루어진다. 그런 식으로 계속 카드를 뽑고 토론을 한다. 아주 단순해 보이지만, 막상 게임이 시작되면 백분토론 이상의 열띤 토론이 일어난다.

오래전 일이라 무슨 얘기들이 오고갔는지는 거의 기억나지 않지만 단 하나의 질문은 지금도 선명하게 기억난다. 바로 선택에 관한 문제였다.

그때는 잘한 선택이라고 믿었는데 지금은 크게 후회하는 것은?

질문지를 뽑은 건 문학을 전공한 대학 강사였다. 그녀는 과거 자신에게 사랑을 고백한 괜찮은 남자의 프러포즈를 거절한 적이 있는데, 돌이켜 생각해보니 그게 잘못된 선택이었다는 것이다. 창창하게 젊고 자신감이 넘치던 시절, 그 사람 말고도 다른 좋은 선택지가 많아 보였다. 그 남자가 자신이 선택할 수 있는 '최선의 카드'로 보이진 않았다. 선택의 법칙 가운데는 선택할 카드가 많아질수록 역설적으로 선택은 더 어려워진다는 법칙이 있다. 그런 경우, 어떤 카드를 선택하더라도 나중에 후회할 가능성도 더 커진다. 변덕은 인간의 본성이어서, 선택한 카드에 대한 만족도는 시간과 함께 점차 감소하는 반면 그 감소폭만큼 과거에 버렸던 카드들에 대한 미련이 더 커지는 것이다.

모두 그녀를 잘 알고 있었기에 과거의 그 사건을 두고 갑론을박이 일어났는데 그걸 지켜보던 당사자가 마침내 입을 열었다. "세월이 흐른 지금 이렇게 후회하게 될 줄 그때 내가 어떻게 알았겠어?"

그 순간엔 모두가 웃었지만, 어떤 선택을 하고 난 후에 나중에 가서 크게 후회하는 일이 어디 그녀에게만 있는 일이겠는가? 나 자신도 인생을 살아오면서 크고 작은 선택과 결정에서 무수한 실패와 오류를 범했다. 때로는 바둑을 두다 잘못된 수를 물리듯 과거로 되돌아가 잘못된 선택을 바꾼 후 이후에 펼쳐졌을 다른 삶을 공상하면서 위안을 구하기도 한다.

하지만 모래시계를 뒤집듯 흘러간 삶의 시간을 되돌릴 순 없다. 만일 우리가 그때의 상황과 마음 그대로인 채로 과거로 되돌아간다면 어떨까? 과연 다른 선택을 할 수 있었을까? 이 문제도 뒤에서 다시 다루겠지만, 후회할지언정 나쁜 선택 결과를 받아들일 수는 있어도 시행착오나

윈슬로 호머, 〈여름 돌풍〉(1904)

바다에 돌을 떨어뜨리는 것처럼

누구나 인생을 살아가면서 크고 작은 선택과 결정과정에서 실패와 오류를 범한다. 때로는 바둑을 두다 잘못된 수를 물리듯 과거로 되돌아가 잘못된 선택을 바꾸고 싶어하기도 한다. 그러나 만일 우리가 그때의 상황과 마음이 그대로인 채로 과거로 되돌아가도 다른 선택을 할 수 있을까? 과연 다른 선택을 할 수 있었을까? 인생에서 선택이 중요한 까닭은 선택 자체가 중요하다기보다는 어쩌면 한번 내린 선택과 결정을 결코 되돌릴 수 없기 때문인지도 모른다. 마치 바다에 돌을 떨어뜨리는 것처럼.

선택의 실패를 전혀 겪지 않는 삶은 없다. 또 자신도 알 수 없는 괴물 같은 충동에 사로잡혀 순간적으로 판단을 그르쳐 나중에 크게 후회하게 될 대형 사고를 치는 일은 얼마나 허다한가? 인간인 한, 누구나 조금씩은 좌충우돌하면서 살아가는 법이다.

사실 '선택'이라는 것은 지극히 인간적인, 너무나 인간적인 문제로 동물들은 인간처럼 복잡한 선택 문제에 직면하여 머리를 쥐어뜯을 일이 없다. 많은 경우 본능으로 각인된 생존 프로그램의 명령에 따라서 살기만 하면 되는 동물에 비해 우리 인간은 어떤가? 그 복잡함은 이루 말로 다할 수가 없다. 머릿속이 복잡한 동물인 인간은 인생이 도대체 살 만한 가치가 있는지 없는지, 산다면 무엇을 위해 어떻게 살아야 하는지와 같은 문제를 놓고 하얗게 밤을 새우면서 고뇌하고 또 고뇌한다.

선택의 짐

인간의 삶에는 근본적인 아이러니가 있다. 인생이 무엇인지도 모르면서 인생을 살아가야 한다는 것이다.

사람들은 꿈꾸는 목표나 대상에 대해 직접 경험해보지도 않은 상태에서 그것을 욕망한다. 진짜 형사로 산다는 것이 어떤 것인지 경험해보지 않은 상태에서 텔레비전의 형사물을 보며 형사를 꿈꾸고, 사랑이 무엇인지 경험해보지도 않고서 로맨틱한 사랑을 갈망하며, 결혼이 무엇인지도 모르면서 결혼을 한다. 그것은 마치 운전면허는커녕 단 한 번도 운전대를 잡아 본 적도 없는 상태에서 고속도로를 달리는 것과 별로 다를 바 없지 않은가? 그렇지만 이것이야말로 우리 삶의 근본조건이다. 이런 사정을 고려한다면, 우리가 내리는 선택과 결정에서 무수한 시행착오와 실패를 겪게 되는 것은 너무나 당연한지 모른다.

무엇보다 현대인들에게 이 선택 문제는 과거보다 훨씬 더 복잡하고 까다로운 문제가 되고 있다. 《모든 것은 빛난다》라는 책이 탐구하는 문제가 그것이다. 철학자인 휴버트 드레이퍼스와 숀 켈리, 이 두 저자는 근대라는 시대가 넓혀준 '선택의 자유'가 초래한 '선택의 짐'을 이야기한다. 왜 선택의 자유가 도리어 무거운 짐이 되고 있다고 할까? 개인들이 자신의 삶을 꾸려가는 데 필요한 인생관이나 선택을 할 때 필요한 가치 기준을 제공해주던 공통의 기준이 사라졌기 때문이다.

공통의 가치 기준, 그것을 두 저자는 '문화적 참여'라는 개념으로 설명한다. 공동체 전체가 아무런 의심 없이 당연한 것으로 받아들이는 공통의 삶의 가치관이 바로 문화적 참여 양식이다. 오늘날엔 바로 그런 공통의 가치관이 결여되어 있다. 서양의 중세라면 기독교가 그 역할을 했고, 우리나라의 고려시대엔 불교가, 그리고 조선시대엔 유교 윤리가 있었다. 그러나 그런 공통 가치관에서 해방된 개인주의 시대가 개막된 이래 우리는 '내가 누구이며, 어떻게 살아야 하는가?' 하는 근본 문제에서 텅 빈 채로 삶에 직면하고 있다는 것이다.

즉 우리가 이것이냐 저것이냐 하는 선택의 갈림길에 직면했을 때, 저것 아닌 '이것'을 선택하게끔 해주는 참다운 동기가 없다. 현대인들에겐 바로 그것이 문제다. 우리는 무엇을 기준으로, 어떤 가치를 기준으로 이런저런 선택을 하는가? 그리고 무엇을 기준으로 타인의 선택을 평가할 수 있는가?

드레이퍼스와 켈리는 단테가 《신곡》〈지옥편〉에서 묘사한 파올로와 프란체스카 커플과 플로베르의 소설 《보바리 부인》의 주인공 엠마 보바리 사이의 차이를 예로 든다. 파올로는 형의 아내인 프란체스카와 이루어질 수 없는 사랑에 빠진다. 중세적 습속에서는 그들 자신도 그런 사랑이 명백히 도덕적 이탈이라는 사실을 알고 있다. 다만 그들은 자신들을 사로잡은 사랑의 욕망에 저항할 수 없었을 뿐이다.

반면 엠마 보바리는 다르다. 엠마의 상황은 훨씬 더 복잡하다. 엠마는 단테가 그려낸 그 두 사람에겐 없었던 실존적 문제에 직면해 있다. 엠마는 의사 남편 샤를 보바리와 사는 것에 참을 수 없는 권태를 느낀다. 그들이 사는 시골도시는 지루하고 따분하기 그지없고, 남편은 그저 성실하기만 할 뿐 무미건조한 남자다. 또 엠마가 동경하는 문학이나 예술에 대해서도 무관심하다. 엠마는 통속 연애 소설을 읽으며 낭만적인 사랑을 동경하거나 화려한 파리 생활을 꿈꾼다. 그러다 엠마는 다른 남자들과 격정적인 사랑에 빠지고 끝내는 파멸하고 만다. 줄거리만 보면 아주 통속적인 불륜 이야기이지만, 독자들은 엠마의 상황과 선택을 따라가며 복잡한 상념에 빠지게 된다.

서양 역사에서 단테가 살던 봉건 중세 시대는 모든 가치체계가 확실하게 결정되어 있던 시대였다. 이 세계의 존재이유, 인간의 탄생과 삶, 그리고 죽음과 그 이후의 삶에 대해서까지 공동체가 공유하는 의심의 여지가 없는 하나의 확실한 정답 같은 이야기가 존재했고, 사람들은 그러한 가치를 배경으로 인생을 살아가며 이런저런 선택을 내리며 죽어갔다. 반면 근대 이후 개인주의 사회에 살아가는 현대인들, 특히 글로벌한 지구촌 시대를 살아가는 사람들에게는 모든 것이 불확실하고, 유동적이고, 모호하다.

특히 한국 사회의 가치관 변화는 놀라울 정도다. 예전에는 누구나 인정하는 당연한 삶의 시나리오 같은 것이 있었다. 누구나 다 결혼하여 가족을 이루며 살아야 한다고 생각했다. 남자는 결혼하여 가장으로서 가정의 경제를 책임져야 했고 여자는 결혼과 함께 남편을 잘 내조하여 자녀양육을 비롯한 가족생활을 잘 이끌어가야 했다. 또, 한번 결혼하면 좋든 싫든 끝까지 살아야 했고, 자식들은 부모를 공경하며 부모가 늙으면 부양하는 것이 당연한 의무였다.

그러나 오늘날 이런 전통적인 공동체 규범은 많이 퇴색했고 이제는 삶의 거의 모든 것이 개인의 가치관에 따른 선택 문제가 되었다. 진학, 취업, 결혼 여부, 또 결혼 후에 자녀를 가질 것인가 말 것인가, 이혼이나 재혼 등 삶의 각 단계에서 선택을 하는 기준 자체가 개인의 몫이 되었다는 것이다. 우리가 플로베르의 소설을 읽으면서 엠마의 처지와 욕망, 선택을 '이해할 만한 것'으로 받아들이는 까닭도 거기에 있다. 왜냐하면 우리는 엠마가 한 개인으로서 자신의 삶의 행복을 온전히 추구할 자격과 권리가 있다고 생각하기 때문이다.

삶의 의미는 또 어떤가. 세계와 삶의 존재 이유를 설명해주던 공통의 가치관이 사라져버린 이래, 사람들은 근본적인 무의미함을 고민하게 되었다. 우주 전체가 그저 에너지나 원자 같은 것으로 이루어진 것이고, 생물의 존재 또한 진화 과정의 산물이라면, 도대체 삶의 의미는 어디에 있단 말인가?

니체도 냉정하게 인정했듯이, 우주적 차원에서 본다면 이 세계는 의미라는 객관적 속성을 조금도 갖고 있지 않다. 그저 광대무변한 에너지의 흐름이거나 물질의 총체일 뿐이다. 생물의 존재 또한 진화 과정의 산물일 뿐이

샤를 뤼시앙 레앙드르, 〈마담 보바리〉(1931)

보바리 부인, 그녀는 남편과 살아야만 할까?

오히려 우리는 샤를을 떠나고픈 그녀의 욕망을 이해할 뿐 아니라 떠나는 것이 최선이라고 생각하기도 한다. 더구나 남편인 샤를 자신조차 그녀의 행동에 경탄한다. 아내를 비난하긴커녕 엠마를 계속 숭배하며 그녀가 보여준 삶의 방식을 따르고자 한다. 독자들 또한 엠마가 자신의 선택과 행동에 관해 느꼈던 혼란을 이해할 만한 것으로 여긴다. 그녀는 오늘날 우리 모두가 당연시하고 있는 선택의 짐을 떠안고 있었던 것이다.

다. 그렇다면 도대체 삶의 의미는 어디에 있단 말인가? 파스칼이 "저 무한한 공간의 영원한 침묵이 나를 전율케 한다"(《팡세》)고 썼던 것도 이런 세계의 무의미 앞에서 고통을 느꼈기 때문이지 않을까?

결국 오늘날 우리는 삶의 의미란 것 역시 인간이 부여하는 주관적인 것일 뿐이고, 궁극적으로는 개인의 선택이라고 믿는다. '나는 누구인가? 나는 무엇을 좋아하고 무엇을 잘할 수 있는가? 내가 이 삶에서 진정으로 원하는 것은 무엇이며, 결코 포기할 수 없는 것은 무엇인가? 내 삶의 목표와 가치는 개인적인 행복인가, 아니면 삶 전체를 그것을 위해 헌신해야 할 이상이나 신념인가?' 이제는 이런 모든 근본적인 질문들에 스스로 해답을 찾아야 한다. 선택의 자유가 양보할 수 없는 인격적인 권리임에도 불구하고, 우리에게 많은 부담을 주는 무거운 무게이자 짐이 되는 까닭도 거기에 있다.

그러나 사실은…

연구에 따르면 인간은 하루에 평균 약 150번 정도의 선택을 한다. 물론 대부분은 사소하고 자잘한 것들이겠지만, 한 달에 적어도 몇 차례는 중요하고 진지한 문제에 직면하기도 한다.

그런데 선택과 관련하여 당신은 어떤 선택자인가? 얼마나 합리적인 선택자인가? 선택과 결정을 내릴 때 신중한 편인가 아니면 즉흥적인 편인가? 이성적인 편인가 아니면 감정적인 편인가? 선택을 할 때 당신이 원하는 것을 먼저 고려하는가, 아니면 당신에게 필요한 것을 먼저 고려하는가?

선택 문제에 관심을 가진 이래 많은 사람들과 대화를 나누면서 관련 자료들을 살펴본 결과, 흥미로운 몇 가지 사실을 확인할 수 있었다. 첫째, 놀랍게도 대부분의 사람들은 자신의 생각과는 다르게 사소한 문제든 중요한 문제든 간에 의외로 별 생각 없이 대충 결정한다. 예를 들어 백화점에 가서 새 옷을 고르거나 새로 스마트폰을 구입할 때 고민하며 들이는 시간과 진로나 직장, 유학, 심지어 애인의 선택이나 결혼, 출산 같은 심각한 문제를 결정할 때 들이는 시간 사이엔 별 차이가 없는 것이다!

물론 지금 자신의 삶에 큰 영향을 미칠 수도 있는 중요한 선택이나 의사결정을 앞두고 있는 사람이라면 서로 동일하진 않더라도 어느 정도 비슷한 고민의 과정을 거칠 것이다. 최대한 정보를 수집하고, 가능한 선택 대안들을 선별해낸다. 그리고 각 대안들이 갖는 적합성이나 타당성을 신중하게 평가한 후에 최종적인 결정을 한다. 이런 절차에 따른다면 그렇지 않은 경우보다 위험을 줄이고 후회를 최소화할 가능성이 더 커 보인다.

그러나 사실은, 대부분 그렇게 하지 않는다. 사람들은 중대한 선택 문제 앞에서도 인간의 비합리적 본성을 적나라하게 드러낸다. 자신의 욕구나 감정만 주장하며 "내가 하고 싶은 대로 할 거야"라는 태도로 직관에 따라 결정하거나 혹은 주변의 의견이나 판단을 따르는 식으로 의존적인 선택을 한다. 이런 선택 방식들을 '직관형'과 '타인 의존형'이라 부를 수 있다. 둘 다 비합리적이라는 면에서는 다를 바 없다. 세상이 말 잘 듣는 강아지처럼 내 뜻에 잘 순응할 거라는 오만 혹은 세상의 복잡함과 무서움에 대해 아무것도 모르는 어리석음과 순진함이 그 속에 들어 있다. 그러나 사실은 직관적 선택이나 타인 의존적인 선택은 사람들이 가장 흔히 빠지기 쉬운 '인간적인, 너무나 인간적인' 함정들이다.

예를 들어 새 차를 구입하고 싶다는 생각을 하고 있을 때, 마침 친구가 자기가 타고 다니는 차종이 좋다고 칭찬을 하면 귀가 솔깃해져선 앞뒤 가리지 않고 덜컥 그 차를 구입하지만, 얼마 지나지 않아 곧 후회한다. 그 차는 자신에게 필요한 차도, 자신과 궁합이 잘 맞는 차도 아니었던 것이다. 이런 결정이 바로 전형적인 타인 의존형 선택이다. 대학이나 전공, 직업 선택도 마찬가지다.

2021년 180대 1이라고 하는 사상 최대의 수치를 보여 준 9급 공무원 시험의 경쟁률은, 그만큼 심각한 취업난과 안정적인 직업에 대한 선망을 반영하는 수치이긴 하지만, 과연 수십만 명에 달하는 지원자들이 모두 공무원 생활이 자신의 적성과 재능에 가장 적합하다고 판단해서 그런 선택을 했는지에 관해선 의문이 든다. 또 입시를 앞둔 고등학생들 성적이 우수한 학생들은 대부분 법대나 경영대, 의대를 지망하는 것도 마찬가지다.

물론 매사에 합리적 선택이론을 적용하며 신중하게 심사숙고하여 결정 내릴 필요는 없다. 주말에 연인과 갈 식당과 함께 볼 영화를 선택할 때마다 합리적인 선택을 한답시고 일주일 내내 그 문제로 씨름할 필요는 없다. 우리의 욕구나 직관이 때로는 합리적이고 논리적인 선택보다 더 뛰어나고 올바른 경우도 많다. 일상 생활의 대부분이 그런 문제들이다. 인생이 걸린 장래의 직업과 진로를 그저 직감에 의존하여 선택한다면 그 또한 어리석기 짝이 없을 것이지만, 의외로 사람들은 합리적인 선택과 직관에 따른 선택, 의존적 선택이 필요한 문제들 간 명확한 구분 없이 그때그때 욕구나 감정, 기분에 따라 선택을 한다.

둘째로, 사람들은 어떤 선택을 할 때 무의식적으로 두 가지 방향으로 선택을 하는 경향이 있다. 하나는 '기대효과 최대화 원리'고 다른 하나는 '후회의 최소화 원리'다. 자신을 과신하고 낙천적인 사람일수록 기대효과가 최대화될 것으로 판단하는 쪽으로 선택하고, 반면에 소극적이고 안정지향적인 사람은 후회할 일을 절대로 하지 않는 가장 안전하고 무난한 쪽으로만 선택을 하는 경향이 있다.

전자의 경우에는 욕구나 행동이 앞서는 바람에 자신의 선택이 치러야 할 대가나 위험요소에 대한 냉정한 판단을 결여하게 되고, 그 결과로 위험에 빠지거나 크게 후회할 가능성이 크다. 반면에 후자의 경우에는 신중이 지나쳐 돌다리를 너무 많이 두드려보다 기회를 놓쳐 버리거나 결정을 내리지 못해 결국 현상을 유지하는 쪽으로 주저앉아 버리기 십상이다. 기대효과 최대화나 후회의 최소화 원리 양쪽 다 선택의 주관적 측면과 객관적 측면에 대한 명확한 이해가 전제되지 않는다면, 많은 허점을 가질 수밖에 없다. 나이가 어릴수록, 인생 경험이 적을수록 선택은 기대효과 최대화 원리에 따르고, 인생의 쓴맛 단맛 다 보고 나서 인생이 우리가 원하는 대로 흘러가지 않는다는 걸 깨달은 사람들일수록 후회를 최소화하려는 소극적인 선택을 하는 경향이 많다. 젊을수록 이상주의자가 되고 나이가 들수록 현실주의자가 되는 까닭도 거기에 있다.

세 번째로 사람들은 이런저런 잘못된 선택을 하곤 하지만, 솔직하게 잘못을 인정하기보다는 변명하거나 핑계를 대는 데 더 능숙하다. 심리학자들이 제공하는 설명은 이렇다. 사람들은 대부분 자신이 선하고 합리적인 선택자라고 믿는다. 그래서 자신이 의도하고 선택한 대로 일이 잘

되면 모두 자기가 잘했기 때문이고 결과가 나쁘면 하필이면 상황이 도와주지 않아서이거나 지독하게 운이 나빴을 뿐이라고 생각한다. 더 나쁘게는 남들이 잘못한 탓에 결과가 나빠졌다며 타인을 비난하기까지 한다. 설사 자기 잘못을 인정하더라도 그것은 사소한 실수이거나 순간적인 판단 착오를 했을 뿐이라고 변명한다. 나아가 어떤 선택 때문에 후회를 하더라도 재빨리 그걸 잊어버린다. 사람들은 그런 식으로 결과에 대한 책임을 회피하려 하고, 쉽게 자신에게 면죄부를 주려는 경향이 있다. 한마디로 인간은 자신에게는 관대하고 타인에게는 잔인할 정도로 엄격하다. 자신의 오류와 실패를 인정하는 데서 오는 심리적 불쾌감을 이런저런 방어막을 침으로써 회피해버리는 것이다.

그런 손쉬운 자기정당화는 당장에야 마음이 편하겠지만 자신을 지금보다 더 나은 존재로 만드는 데는 도움이 안 된다. 지금까지 말한 선택과 판단의 몇가지 경향은 나 자신을 포함한 모든 인간이 가진 지극히 인간적인 약점인지도 모른다. 인간의 판단이나 사고는 기하학처럼 투명하고 명료하기보다 실타래처럼 복잡하게 뒤엉켜 있고, 또 의외로 대책없는 '귀차니스트'처럼 안이하기도 한 때문이다. 하지만 스피노자의 말처럼 원인에 대한 정확한 인식은 우리에게 더 많은 자유를 준다. 다행히도, 우리 인간에게는 그런 자유에 대한 능력이 있다.

② 선택을 할 때 먼저 생각해야 하는 것들

선택은 실천적인 문제이다. 이는 하루하루 우리가 영위해 가는 구체적인 삶의 현실에서 발생하는 것이기 때문이다. 선택은 항상 특정한 시간과 공간, 장소에서 이루어진다. 즉 구체적인 '선택상황'이 전제되는 것이다. 선택상황은 외부에서 나에게 갑자기 들이닥치는 경우도 있고, 내가 나의 욕구와 소망에 따라 능동적으로 만들어내기도 한다. 지금 다니고 있는 직장에 회의가 온다면, 혹은 지금 살고 있는 삶의 방식 자체에 불만과 회의가 생긴다면 또 어떻게 할 것인가? 이런 방식으로 삶은 우리에게 끊임없이 선택상황을 만들어 낸다.

어떤 중요한 선택상황에서 무엇을, 왜, 어떤 기준으로, 어떻게 선택할 것인가 하는 문제는 늘 우리를 고민에 빠뜨리지만, 각 선택상황의 독특하고 복잡한 몇 가지 특성들 때문에 특히 중요한 문제일수록 판단은 늘 쉽지가 않다. 그렇기 때문에 현명한 선택을 위해선 선택을 둘러싼 여러 가지 문제들을 명료하게 정돈할 필요가 있다. 책상 위에 어지럽게 서류나 자료들을 쌓아놓고 있을 때보다 카테고리별로 분류하고 정리해놓으면 업무를 쉽게 더 잘 처리할 수 있는 것처럼. 오늘 입고 나갈 옷을 고르는 것과 같은 일상 속의 사소한 문제들이 아닌 중요하다고 생각되는 선택의 갈림길에 설 때, 우리는 무척 고민스런 선택환경 속으로 들어가게 되고, 그 선택 환경은 우리에게 선택을 하는 주체인 '나'와 '상황'에 대한 명료한 인식을 요구한다.

선택하는 몸

'선택'에 있어 가장 먼저 생각할 문제는 바로 선택의 주관적인 측면과 객관적인 측면이다. 우리는 근본적으로 상황구속적인 존재이기 때문이다. 실존주의 철학자 하이데거는 이러한 삶의 상황을 세계-내-존재라는 도식으로 표현한 바 있다. 우리는 '지금, 여기'라는 현실상황에서 육체와 정신, 즉 피와 땀과 눈물을 흘리고 흐물거리는 살로 된 '몸'을 가진 존재로 살아간다. 삶은 육체와 정신 모두를 포괄한 살아 있는 '몸의 삶'이다. 몸이 선택의 주관적 측면을 이룬다면, 몸을 둘러싸고 있는 환경 전체가 선택의 객관적 측면을 이룬다.

주관적 선택은 객관적 선택상황에 의존하고, 객관적 상황은 우리의 선택에 영향을 받아 끊임없이 변화한다. 그러므로 나의 주관적 상황과 나를 둘러싼 객관적인 외부 상황을 충분히 고려하지 않고서는 선택 문제를 제대로 이해할 수 없다. 선택의 주관적인 요소들과 객관적인 요소들 간에 이루어지는 상호작용을 전체적으로 파악할 수 있게 하는 선택 구조의 논리를 이해할 필요가 있다.

장기적인 인생의 시간을 놓고 보면, 어떤 문제가 결

정적으로 중요한 것인지 아닌지를 객관적으로 판별할 수 있는 능력이 인간에게는 없다. 단기적으로 좋은 선택이 장기적으로도 최선의 선택인지도 우리는 거의 알 수 없다. 현재 순간이 가진 객관적 의미는 현재가 아니라 먼 미래에 가서야만 드러나기 때문이다. 그럼에도 불구하고 가급적 좋은 선택을 추구하는 우리로서는, 할 수 있는 한 최대한 합리적인 선택자가 되기 위해 노력하는 수밖에 없다.

또 선택의 상황 논리를 더 잘 이해하기 위해선 선택의 구조적인 측면을 무시할 수도 없다. 따라서 선택의 주관적 측면에서는 선택을 하는 주체인 인간의 마음 구조와 마음의 작동방식에 대한 이해가 어느 정도 필요하다. 즉 선택의 기준이 되는 신념, 그리고 우리 마음속에서 우리의 선택을 좌우하는 심리적 메커니즘과 좋은 의사결정을 위한 모델에 대한 이해이다.

일상적인 상황에서 이루어지는 대부분의 선택들은 시간적 제약 속에서 직관적인 판단과 선호에 따라 결정된다. 이번 주말에 무슨 영화를 볼 것인가, 새 여행가방이나 구두를 사야 하는데 어떤 걸 살 것인가, 올 여름 휴가는 어디에서 보낼 것인가 하는 문제들까지 선택의 주관적인 측면과 선택 환경 전체를 분석적으로 탐색할 필요는 없다. 이런 일상적인 선택상황에서 이루어지는 우리의 선택을 돕기 위해 스펜서 존슨은 《선택》이란 책에서 좋은 선택을 위한 몇 가지 소박한 기준을 제시한다. 그는 선택에 관해 가장 좋은 결정을 내릴 필요는 없으며, 더 나은 결정을 내리기만 하면 된다고 주장한다. 여러 가지 한계를 가진 인간에게 완벽한 결정이란 사실상 불가능하기 때문이다.

그에 따르면 선택의 주관적인 측면에서 가장 중요한 선택 기준은 자신에게 '필요한 것'과 '원하는 것'을 구분하고 정말로 필요한 것을 선택하는 것이다. 새 차를 구입한다고 할 때, 내 욕심으로는 가장 좋은 차를 원하지만, 그 차가 지금 내게 꼭 필요한 차는 아닐 수도 있다. 현재의 재정 상태나 일에 비추어 필요한 차를 따지자면, 작고 소박한 것으로도 충분할 수 있다. 그러면 공연한 욕심이나 허영심으로 큰 차를 사서 고생하다 후회하지 않고 작은 경차로도 만족할 수 있는 것이다. 원하는 것과 필요한 것 사이에서 적절한 균형을 잡는 것이야말로 좋은 선택의 출발이다.

이와 더불어 필요한 것이 자기 자신에게 정직해지는 것이다. 자신에게 정직해진다는 것은, 욕망과 필요, 상황에 대한 주관적인 착각이나 환상이 아니라 이성적이고 합리적인 분석을 통해 선택상황 속의 진실을 파악하는 것이다. 그리고 각 선택 대안에 대한 충분한 정보를 수집하여 선택의 폭을 넓혀야 한다. 경차를 사기로 결정했다고 해도, 경차의 종류는 여러 가지가 있으며 각 경차들이 갖는 장점과 단점에 대한 정보가 많을수록 더 좋은 선택을 할

앙리 마티스, 〈푸른 누드〉(1952)

마티스가 색종이를 오리게 된 이유

야수파 대표화가 앙리 마티스는 1941년 십이지장암 수술 이후 이젤 앞에 서 있는 게 힘들어지자, 자리에 앉아 혹은 침대에 누워서도 할 수 있는 색종이 오리기 작업을 시작한다. 더 이상의 작업을 포기하는 선택과 다른 가능한 작업을 시작하는 선택 사이에서 마티스는 후자를 택한다. 같은 상황에서 우리는 저마다 다른 선택을 한다.

가능성이 높아진다.

　　원함과 필요의 구분, 보다 정확한 정보의 수집을 요구하는 이런 선택 기준은 일상적인 상황에서 실천할 수 있는 유용한 선택의 기술일 수 있다. 그러나 인생 전체를 놓고 볼 때, 우리가 직면한 선택상황은 쇼핑이나 식사 메뉴 같은 소소한 상황보다 훨씬 더 복잡하다. 때로는 필요한 것의 기준이 아닌 진정으로 원하는 것의 기준으로 선택해야 할 때도 많다. 보다 중요한 삶의 문제일수록 그럴 가능성이 더 크다. 사랑하는 사람을 선택할 때나 배우자를 선택할 때 필요를 기준으로 선택하는 사람은 거의 없을 것이다. 대학원이 굳이 필요하진 않지만, 보다 깊은 공부를 하고 싶어 진학을 선택할 수도 있다. 선택의 주관적 측면에 필요한 '기술'적인 부분들에만 초점을 맞출 경우, 우리는 선택 문제의 객관적인 측면들이 안고 있는 복잡하고 다양한 부분들을 간과하기 쉽다.

　　크고 작은 선택상황에서 우리의 몸과 마음, 상황과 환경은 끊임없이 상호작용한다. 나는 무엇보다 선택의 주관적이고 객관적인 양측면에서 좋은 선택을 방해하거나 가로막는, 혹은 제약하는 구성 요소들에 주목하고자 한다. 선택이 갖는 한계와 제약을 정확히 알 때, 더 나은 선택뿐 아니라 삶 전반에 관한 더 나은 이해도 갖게 될 것이기 때문이다. 예를 들면 객관적 측면에서 선택의 폭을 결정하거나 제약하는 상황들의 특징과 성격, 그리고 결과에 영향을 미치는 시간과 우연의 문제들에 대한 이해가 없이 삶과 선택의 상관관계를 이해하기란 어렵다.

사실 나는 좋은 선택을 가로막는 세 가지, 즉 주관적인 측면의 객관적인 요소인 무의식과 판단을 왜곡하는 심리적 편향들(주관적 편향들), 나의 바깥에 존재하며 나를 둘러싸고 있는 객관적인 상황과 현실(선택상황), 그리고 선택의 나비효과를 일으키는 역시 객관적인 요소인 시간(우연과 운)을 선택의 세 '괴물'이라고 부르고 싶을 정도이다. 왜 괴물인가? 앞으로 더 자세하게 살펴보겠지만, 그 세 괴물들이 우리의 삶과 선택을 많은 부분 좌지우지하기 때문이다.

아홉 번째 남자

때로는 나와 선택 환경 사이에서 선택 환경이라는 객관적 측면의 선택 압력이 너무 큰 탓에 '선택의 여지가 없는 선택'을 내려야 하기도 한다. 마지못해 억지로 끌려갈 수밖에 없는 선택상황들도 삶에서는 얼마든지 발생한다. 즉 상황 자체가 다른 선택의 여지를 없애버리는 것이다.

나는 여기서 인간의 선택과 운명에 대한 섬세하고 예리한 통찰을 잘 드러내고 있는 밀란 쿤데라의 《참을 수 없는 존재의 가벼움》을 예로 들고 싶다. 장면 자체는 희극적으로 묘사되어 있지만, 등장인물에게는 삶 전체가 불행의 나락으로 굴러 떨어지는 결정적인 순간이 되고 만다. 소설의 여주인공인 테레사의 어머니의 결혼에 관한 이야기다. 젊은 시절 그녀에게는 아홉 명의 구혼자가 있었다. 미남자, 부자, 시인, 음악가, 좋은 가문의 남자 등등 아홉 명의 구혼자들은 마치, 한 처녀에게 상상 가능한 모든 신랑 후보감 종합선물세트처럼 보인다. 그런데 그녀는 아홉 번째 남자를 택했다. 아홉 명 중 가장 남성적으로 보인 남자였다. 하필 아홉 번째 남자를 택한 건 그녀가 원해서가 아니었다. 그 남자와 사랑을 나누면서 그의 귀에 대고 "조심해요, 조심해" 하고 속삭인 순간, 바로 그때 남자는 전혀 조심하지 않았다. 그녀는 임신했고, 임신중절을 할 의사를 제때에 찾지 못한 탓에 황급히 그와 결혼할 수밖에 없었다.

어처구니없지만, 결과가 행복했다면 차라리 다행이었을 것이다. 그러나 그런 상황에서는 결과가 어떻든 만족도는 낮을 수밖에 없다. 그녀는 놓친 다른 여덟 명의 구혼자들을 계속 생각하게 될 것이다. 결혼 생활에 불만이 생기고 부부싸움을 할 때마다 잃어버린 여덟 가지의 가능성들은 마치 잃어버린 애틋한 첫사랑처럼 그녀의 머릿속에 떠오를 것이다. 또 그런 생각을 할수록, 그녀의 불만은 더욱 반짝거릴 것이다.

아니나 다를까, 그녀의 결혼 생활은 불행하기까지 했다. 가장 남성적이었던 것처럼 보였던 남자는 알고 보니 여러 차례의 착복과 횡령 전과에 두 번이나 이혼한 경력이 있는 남자였던 것이다. 그녀는 자신의 결혼 생활이 하나의 착오였을 뿐이라 여겼고, 남자를 증오했으며, 결국 다른 사기꾼 같은 남자를 따라 남편을 떠나고 만다. 그 남자가 남겨준, 원하지 않는 임신의 결과인 테레사를 데리고. 한순간의 실수로 최악의 선택을 하게 된 그녀의 삶은 그 한 번의 나쁜 선택으로 나머지 삶 전체가 불행의 종합선물세트가 되고 만다. 순간의 선택이 인생 전체, 운명을 결정지어 버린 전형적인 경우이다.

모든 선택상황 가운데 최악은, 바로 이처럼 선택의 여지가 거의 없다고 할 수 있는 불가항력적인 상황에서 하는 선택이다. 그런 상황은 다른 선택의 가능성을 사실상 배제함으로써 인간의 자발성과 능동성, 선택의 자유를 박탈해버린다. 그런 부자유한 선택은 마치 억울하게 유죄를 선고받고 감방에 갇히는 것과 같은 불쾌함과 자괴감을 자아낸다.

테레사의 어머니는 구혼자 중 한 명과 자는 것이 예외적이고 돌발적인 상황이며, 그런 상황은 늘 잠재적인 위험을 포함한다는 선택의 객관적인 측면에 대해 아무런 생각이 없었다. 설사 그런 상황이 내가 원해서 만들어진 상황이라고 하더라도, 선택상황에는 자신의 주관적인 생각이나 의도와는 차원이 다른 객관적 상황 논리가 개입하게 된다. 선택 문제를 고려할 때 상황이나 현실, 시간과 같은 객관적인 측면을 깊이 숙고해야 이유는 객관적 상황이 포함하고 있는 힘과 무게 때문이다.

객관적 상황과 조건의 제약

모든 객관적 상황은 두 개의 얼굴을 갖고 있다. 기회와 위험이 그것이다. 그것은 상황이 숨기고 있는 불확실성과 예측 불가능성 때문에 더욱 증폭된다. 우리의 선택을 제약하고 구속하는 상황에는 개인적인 상황 외에도 특히 객관적인 사회 상황을 결코 무시할 수 없다. 예를 들어 '3포 세대'라는 말이 나올 정도로 심각한 청년들의 삶의 불안정성 같은 문제가 있다. 오늘날 청년세대들이 연애와 결혼, 출산을 포기하는 경향성이 높아지고 있는 것이나 세계 1위를 달리고 있는 높은 자살률 같은 문제는 순수한 개인의 선택에 달려 있거나 능력이 부족한 탓이 아니라 사회 공동체의 구조적인 문제에 그 원인이 있다고 해야 할 것이다.

또 다른 예로, 교통사고가 자주 나는 도로 구간이 있다고 하자. 그런데 다른 구간보다 유난히 사고가 잦다면 그 구간의 구조적인 문제나 결함이 있을 가능성이 더 클

벤저민 웨스트, 〈리어 왕: 3막 4장〉(1793)

나를 얼마나 사랑하느냐고 묻지 않았더라면

셰익스피어의 희곡 《리어왕》에서 늙은 왕 리어는 효심을 시험하기 위해 세 딸들에게 자신을 얼마나 사랑하느냐고 묻는다. 세 딸 중 가장 사랑하는 막내딸의 멋들어진 대답을 기대했던 리어왕은, 예상과는 달리 무덤덤하게 대답하는 코딜리어에게 대노하여 그녀를 내치고 다른 두 딸에게 왕국을 물려준다. 그러나 결국 두 딸들에게 배반 당한 채 왕국에서 내쫓기며 막내딸마저도 죽게 되는 비참한 결과에 직면하게 된다. 왕은 광기에 사로잡혀 후회하지만 때는 늦었다. 선택이라는 문제에는 이토록 가차없는 삶의 아이러니가 작동한다.

것이다. 그렇다면 사고 운전자들의 부주의만 탓할 게 아니라, 도로 구간의 구조적인 문제를 먼저 해결하는 것이 우선이다. 지금 한국처럼 많은 청소년들이 자살하는 나라는 없다. 이는 학생들의 개인적인 정신 건강 문제 때문이 아니라, 과도한 입시경쟁으로 인한 스트레스 때문일 가능성이 훨씬 더 크다. 청년들의 자살, 노인들의 자살도 마찬가지다. 자살이라는 선택을 하게 되는 원인은 개인적인 몫도 있고 사회구조적인 측면의 책임도 있다. 그렇기 때문에 무조건 자살자들의 유약함을 탓하고 그들에게 그런 선택에 대한 책임을 묻는 것은 부당하다.

개인들이 좋은 삶을 선택할 수 있는 객관적 조건을 마련해주는 것은 근본적으로 공동체 전체의 몫이다. 공정하고 형평성 있는 기회가 주어지고 그런 바탕 위에서 합리적인 경쟁이 이루어질 때에만 성패에 대해서 온전히 개인의 몫과 책임을 말할 수 있다. 그러므로 사회 현실과 구조에 책임이 있을 경우 먼저 그런 문제들을 해결해야 한다. 좋은 사회란, 어떤 절망적인 상황에서도 최소한 죽음을 선택하지 않게끔 제도적 장치를 마련해주고 다시 삶으로 나아갈 수 있도록 만들어주는 사회다. 우리에게는 그런 사회를 선택할 권리가 있다.

우리가 좋은 삶을 살 수 있기 위해 필요한 선택지를 넓히기 위해서는 시대와 현실에 대한 명료한 인식이 필요하다. 뿐만 아니라 나의 개성과 가능성을 더 잘 실현하기 위해서도 이 사회에 어떤 선택지들이 있는지, 어떤 객관적인 가능성들이 열려 있고 닫혀 있는지 이해하는 것이 선택의 문제를 사고할 때 반드시 필요하다.

③

합리와 비합리 사이

합리적이고 이성적이라는 말이 가지는 의미

누구나 가급적 좋은 선택을 하고자 한다. 완벽하진 않더라도 되도록 최선의 선택을 하길 원하지만 실제 우리가 부닥치게 되는 순간들은 돌발적인 상황에서 촉박한 선택을 강요한다. 그럴 때 우리는 종종 순간적인 충동을 억제하지 못해 정신 나간 짓과 같은 선택을 하기도 한다. 이런 경우 대부분 비합리적인 선택인데, 대부분 나중에 더 큰 좌절과 후회를 낳게 된다.

우리 삶의 돌발과 충동 속에서, 우리는 어떻게 하면 더 좋은 선택자가 될 수 있을까? 더 좋은 선택자가 된다는 것은 좀 더 합리적인 의사결정을 내리는 능력과 기술을 갖춘다는 뜻이다. 이 장에서는 우리가 내리는 선택과 의사결정의 합리성 문제를 살펴보고자 하는데, 어쩔 수 없이 조금은 딱딱할 수밖에 없는 몇 가지 이론적인 문제들도 함께 살펴볼 수밖에 없다. 문제는 이런 것이다. 도대체 '합리적인' 선택이라는 게 무엇인가? 도대체 합리적인 선택이라는 것이 어떻게 가능한가?

이에 대한 논의를 위해서는 먼저 '합리적'이라는 말이 무슨 뜻인지 이해해야 한다. '합리성'은 영어의 'Rationality'를 번역한 단어로 그리스어의 '로고스Logos'를 번역한 라틴어 단어 '라티오Ratio'에서 나온 말이다. 로고스나 라티오라는 단어 모두 다양한 의미를 갖고 있지만 특히 이성, 계산, 추리 그리고 수학적 비율을 주로 가리킨다. 고대 그리스의 철학자 아리스토텔레스는 인간을 '이성적인 동물'이라고 불렀다. 근대에 들어와 철학자 르네 데카르트는 "나는 생각한다. 그러므로 존재한다"라는 유명한 명제를 남겼는데, 이 말 역시 인간은 이성적이고 합리적인 사고를 하는 동물이며, 그럴 때에만 인간은 진정으로 인간다운 인간이 된다는 뜻이다. 그러므로 합리적이란 말은 이성적이란 말과 같고, 이성적이란 말은 연역추리나 귀납추리와 같은 논리적인 추론과 복잡한 수학적 계산 능력을 통한 진리에 대한 인식능력을 가졌다는 뜻이다. 합리적으로 사고한다는 것은 욕망이나 충동, 직관에 의지하여 판단하지 않고 엄밀한 논리적 규칙과 절차에 따라 추론한다는 뜻이다.

    그러나 오늘날 합리적이라는 형용사는 어떤 영역에 사용하느냐에 따라, 그리고 그 개념을 사용하는 학자들에 따라 의미가 사뭇 다르다. 일반적으로 철학에서 말하는 합리성은 사고의 규칙인 논리 법칙에 합당하게 사고한다는 말이다. 과학적 합리성은 과학에서 요구하는 일련의 진리 규범에 합치되는 인식을 말한다. 이 책에서 주목하는 합리성은 인간 행위와 관련된 합리성이다. 개인적인 삶이나 사회적인 삶을 영위하면서 선택의 기로에 설 때마다 합리적인 절차와 계산, 추론을 통해 최선의 결과를 만들어내도록 하는 것이 선택 행동과 의사결정의 합리성이다. 합리적 의사 결정이란, 어떤 주어진 상황 속에서 목표를 추구하고 달성하기 위해 하나 이상의 선택 대안이 있을 때, 그 목표를 달성하는 가장 적절한 최적의 방법을 이성적으로 계산하고 추론하는 것을 말한다.

선택과 의사결정 과정에서 이루어지는 합리성에는 두 가지 합리성이 있다. 목표 합리성과 수단 합리성이 그것이다. 당신이 지금 제법 큰 규모의 카페를 경영한다고 가정해보자. 카페 경영이 기대보다 잘되어 지금 아르바이트생을 더 고용할지 어떨지 고민하고 있는 상황이다. 이때 아르바이트생을 더 뽑을지 말지를 선택하는 것은 목표 합리성에 속한다. 물론 이 목표도 보다 높은 상위의 목표인 더 나은 카페 경영이라는 목표와 비교하면 수단 합리성에 속할 것이다. 당신은 경영 확장을 위해 아르바이트생을 더 뽑기로 결정한다. 그리고 아르바이트생을 뽑는 광고를 내고 면접을 보기 시작한다. 여러 명의 아르바이트 후보생들을 면접 본 후에 당신은 여러 가지 사항들을 신중하게 고려하여 최대한 합리적인 의사결정을 하며, 그런 방식으로 당신은 가장 좋은 아르바이트생들을 뽑고자 할 것이다. 다시 말해 당신은 목표 합리성과 수단 합리성 양 측면에서 모두 당신의 기대치를 최대한 잘 반영하는 방식으로 아르바이트생을 뽑으려 할 것이다.

만일 당신이 합리적인 인간이라면, 아르바이트생을

더 뽑을지 말지, 몇 명이나 더 뽑을지, 후보들 가운데 누구를 뽑을지에 대해 감정이나 직관이 아니라 엄밀한 계산과 예측모델에 따라 판단하고 선택하게 될 것이다.

사실상 불가능한 모델

수십 년 전까지만 해도 경제학에서는 인간의 선택 행동이 합리적으로 이루어진다는 가정을 당연한 것으로 받아들이고 있었다. 인간은 합리적인 존재이며, 따라서 모든 선택과 결정도 합리적으로 이루어진다고 믿었다. 그런 가정 아래서 도출된 것이 바로 의사결정의 합리적 최적화 모델이다. 이 모형은 목표 달성을 극대화하기 위한 최선의 대안을 추구하는 모델이다. 이 모형에 따르면 인간의 합리적인 선택과 의사결정 과정은 다음과 같은 일련의 연속적 단계를 갖고 있다.

- 당면한 문제를 확인한다.
- 목적과 세부 목표를 결정한다.
- 모든 가능한 선택 대안들을 검토한다.
- 각 대안의 결과를 가능한 모든 변수를 고려하면서 계산하고 예측한다.
- 모든 대안을 목표와 기회비용의 견지에서 계산하고

평가한다.
- 여러 대안들 중 목표와 목적을 최대화시킬 수 있는 대안을 선택한다.
- 결정사항을 시행하고 평가한다.

이러한 합리적 의사결정 모델에서 중요한 것은 기회비용의 계산이다. 어떤 선택을 함으로써 얻게 되는 편익과 만족을 선택효용Selective Effect이라고 한다. 반면에 기회비용Opportunity Cost이란, 여러 선택지 가운데 포기하는 대안이 가진 가치를 말한다. 쉽게 말해 어떤 선택을 함으로써 포기하고 치러야 하는 대가의 총량이다. 합리적 선택은 기회비용보다 선택효용이 더 큰 선택지를 계산하여 선택하는 것을 말한다.

예를 들어 당신이 지금 이런 선택상황에 놓여 있다고 해 보자. 대학을 막 졸업하는 단계에서 연봉이 5,000만 원인 직장에서 당신을 고용하려고 한다. 그런데 당신은 그 직장도 좋지만, 평소에 꿈꾸던 유학을 가서 2년 동안 더 공부를 하고 싶다. 만일 2년 유학비용으로 1억이 든다고 할 경우 당신이 유학을 선택할 때 치러야 하는 기회비용은 1억이 아니라, 2년 동안 직장생활을 할 때 얻는 수익 1억을 포함한 2억이다. 그런데 일반적으로 사람들은 모든 선택에는 반드시 기회비용을 치러야 한다는 것, 특히 '대가'나 '희생'이 따른다는 것을 잘 염두에 두지 않는다.

자, 당신은 2억 원의 기회비용과 미래의 불확실성을 감수하면서도 유학을 갈 것인가? 아니면 확실한 직장과 연봉을 선택하고 유학을 다녀옴으로써 얻게 될 다른 기회, 즉 더 좋은 직장과 연봉, 빠른 승진 가능성 등을 포기할 것인가? 아니면 최소한 2년 동안 직장생활을 하면서 유학자금을 모으고, 좀 더 확실한 방법을 찾을 때까지 유학을 일단 미룰 것인가?

사실 여기서 제시한 고전적인 최적화 의사결정 모델은 지극히 이상적인 것이다. 실제 현실은 복잡하고 불확실하며 너무 많은 변수들이 얽혀 있어 완벽하게 합리적인 선택은 불가능하다. 위의 사례에서 설사 당신의 집안 형편이 유학자금을 지원할 수 있을 만큼 넉넉하다 하더라도 만일 당신에게 지극히 사랑하는 애인이 있고, 그 애인이 유학을 반대한다는 조건이 하나만 더 붙어도 판단은 훨씬 더 복잡하고 어려워진다. 그와 같은 조건에서 과연 세 가지의 선택지 가운데 어떤 대안이 당신의 기대효용을 극대화하는 최선의 선택일까?

아무리 체계적이고 논리적으로 사고하는 사람이라 하더라도, 실제 현실에서 저런 선택상황에 처했을 경우 어느 대안이 최선인지 결정지을 수 있을까? 의사결정의 고전적 모델은 대부분의 의사결정자가 실제로 어떻게 하는

가를 묘사하기 위한 모형이라기보다는 지나치게 이상적이고 비현실적인 경우가 많다.

그 이유는 첫째, 실제 현실에서는 어떤 선택과 결정을 하는 데 우리에게 무한한 시간이 주어지지 않는다. 대부분의 중요한 문제에서 결정을 미루며 시간을 질질 끌 수 없다. 둘째, 아직 경험해보지 못한 선택 대안들에 대한 모든 중요한 정보들을 완전하게 확보하는 것은 불가능하다. 당신이 알지 못하는 숨은 정보들 가운데 정말로 중요하고 결정적인 정보들이 있을 수 있다. 셋째, 특정한 주관적 조건 속에서 가능한 모든 선택 대안들이 가진 기회비용과 예상 가능한 결과들을 객관적으로 모두 계산해내는 것은 사실상 불가능하다(우리는 대부분 확률이론 같은 수학을 별로 좋아하지 않는다). 왜냐하면 미래는 불확실하고 너무 많은 예측불가능한 변수들이 끼어들어 작동할 것이기 때문이다. 미래의 모든 대안과 가능성을 모두 계산하는 건 인간 지성의 영역을 넘어서는 일이다.

다시 말해 이 모형이 비현실적인 가장 주요한 이유는 이 모델이 사람들이 실제로 소유하기 어려운 수준의 지적 능력, 합리성, 지식과 정보 등을 요구한다는 것이다. 즉 인간의 주관적 측면에서 인간의 이성적인 능력은 제한적이며, 많은 선택상황에서 대부분의 사람들은 합리성에 의지하기보다 기분이나 충동, 자신도 알지 못하는 무의식적 원인, 주관적인 욕망과 직감, 그리고 제한된 정보에 더 의지한다.

결국은 마음 가는 대로

제한적 합리성 모델, 즉 만족화 모델*은 1978년 노벨 경제학상을 수상한 인지과학자 허버트 사이먼Herbert A. Simon이 주장한 모델이다. 그는 위에서 살펴본 합리적인 의사결정의 최적화 모델은 실제 삶의 현장에서는 별로 유용하지 못하다고 보았다. 시간과 정보, 지식의 부족, 모든 대안에 대한 계산과 예측 불가능성, 인간의 욕망이나 직관 그리고 편견은 완벽한 선택을 불가능하게 한다. 이에 대한 대안으로 제시한 것이 주관적 만족이론이다. 우리는 대부분의 상황에서 충분한 시간도, 정보와 지식도 가질 수 없다. 그러므로 '이만하면 만족스럽다'는 수준에서 더 이상의 탐색과 계산을 멈추고 최종적인 결정을 내려야만 한다. 최고의 선택이 아닌 상대적으로 만족할 만한 선택이라는 한계를 인정하는 선택을 해야만 하는 것이다.

---

*   인간과 조직의 합리성, 지식과 정보의 가용성을 전제했던 고전적 의사결정 모델이 지닌 지나치게 규범적이고 이상적인 한계를 지적하며 그 대안으로 제시된 제한적 합리성bounded rationality 모델은, 현상에 따라 변용해나가는 현실적이고 경험적 방법이다.

M. C.에셔, 〈오목과 볼록〉(1955)

합리와 비합리

에셔의 판화 작품은 그야말로 합리와 비합리가 공존하는 듯하다. 언뜻 보면 모르지만, 자세히 보면 치밀한 공간분할과 조작으로 현실에서는 불가능한 상황을 설정해둔다. 인간의 마음 역시 에셔의 작품처럼 합리성과 비합리성이 공존하는 복잡하고 기이한 공간이다.

앞에서 아르바이트생을 뽑는 카페 사장의 예를 들었다. 세 명의 아르바이트생을 뽑는 데 자신이 원하는 완벽한 세 명의 아르바이트생을 만날 때까지 시간을 지체할 수 없다. 어느 순간에는 멈추어야 한다. 면접 후보도 제한해야 하고, 면접 후보들 가운데 그럭저럭 마음에 드는, 혹은 때로는 최악만 아니라도 얼른 뽑아 현장에 투입해야만 하는 수도 있다. 이것이 바로 사이먼이 말한 제한된 합리성이다. 제한된 합리성은 최적의 것을 찾는 것이 아니라 만족을 추구하는 것이다.

또 앞에서 애인을 둔 사람이 직장과 유학 사이에서 갈등하는 선택상황의 사례를 들었는데, 그런 경우에도 우리는 어떻든 선택과 결정을 내리게 된다. 이 경우에, 당신은 반드시 기대 효용을 극대화하려는 최적화 원리Optmization Principle에 따르기보다는 다른 선택기준을 따를 가능성이 크다.

몇 가지 대안이 될 만한 선택 기준을 고려해볼 수 있는데, '미래에 가장 후회를 덜 하게 될 것 같은 대안'을 기준으로 선택하여 만족할 수 있고, 또는 '미래에 가장 정당화하기 쉬운 대안'에 만족할 수도 있다. 아니면 스펜서 존슨이 말한 '가장 필요한 것'의 기준에 따라 선택할 수도 있다. 지금 내게 가장 필요한 것은 직장과 애인, 유학 중 어느 것인가? 그 우선순위와 가치평가에 따라 내 선택은 달라질 수도 있을 것이다. 그도 아니라면 그저 자신의 마음속을 들여다보고 당신이 가장 원하는 것을 선택하고 만족할 수도 있다. 미래의 더 창창한 지위와 연봉보다 당신이 사랑하는 그/그녀를 가장 원한다면, 그것이 가장 만족스러운 대안이 될 것이다. 우리는 많은 경우 이런저런 고민 끝에 결국엔 '마음 가는 대로' 선택하고는 만족하지 않던가? 설사 그 선택이 비합리적이고 또 나중에 어떤 결과가 올지라도, 미래는 운명에 맡긴다는 식으로(나는 그동안 얼마나 자주 이런 선택을 했던가!). 중요한 건 나의 만족이다. 어차피 완벽한 대안 선택이 불가능하다면, 내가 만족할 수 있는 대안이 최선일 수도 있다.

사이먼의 만족화 이론이 궁극적으로 말하는 것은 인간은 합리적이긴 하지만, 완벽하게 합리적이진 않다는 것이다. 물론 사이먼의 만족화 이론에도 한계는 있다. 주관적 만족이 유일하게 가능한 최선이라 하더라도, 만족의 주관성은 말 그대로 지나치게 주관주의적인 위험에 빠질 가능성도 크다. 선택상황에서 무의식적 욕망이나 선호에 따라 상황을 판단함으로써 나쁜 결과를 초래할 가능성도 매우 크기 때문이다. 그런 결과가 초래되는 까닭은 무엇보다 인간이란 존재가 생각만큼 그리 합리적이지 못하기 때문이다.

합리적인 판단은 논리적 사고에 크게 의존한다. 반면에 주관적 만족은 논리보다는 욕망과 직관에 더 크게 의존하기 쉽다. 직관적 판단의 오류와 한계에 관해서는 최근 인간의 뇌와 무의식을 연구하는 심리학과 뇌과학에서 많이 밝혀내고 있다. 특히 심리학자로서 2002년 노벨 경제학상을 받은 대니얼 카너먼Daniel Kahneman과 그의 동료인 아모스 트베르스키Amos Tversky의 연구가 선구적이다. 이들의 연구 결과를 보면 사이먼의 말한 제한적 합리성조차 부정하는 것처럼 보이기도 한다. 이들에 따르면 인간은 합리적인 존재가 아니라 비합리적인 존재다. 왜냐하면 인간이 합리적이기엔 인간 뇌의 선천적 구조 자체가 너무 많은 인지적인 제약조건을 갖고 있기 때문이다. 인간은 근본적으로 비합리적인 존재라고 보는 이들의 관점은 어떻게 보면 18세기 영국 철학자 데이비드 흄David Hume의 관점을 따르는 것처럼 보이기도 한다. "이성은 정념의 노예이며 오직 그래야만 한다. 그리고 이성은 정념을 섬기고 복종하는 이외의 어떤 직분을 절대로 바랄 수 없는 것이다"라고 주장했던 것이다. 만일 이성이 이처럼 비합리적인 욕망과 정념의 노예에 불과하다면, 인간의 선택 행동에 관한 합리주의의 연구들은 그 기본 전제부터 크게 흔들리게 될 것이다. 그리고 오늘날 심리학이나 신경과학, 대니얼 카너먼의 행동경제학은 바로 그런 전제에 대한 강력한 도전을 보여준다.

④

마음의 구조

커피를 좋아해 자주 카페에 가는 편이다. 그리고 아메리카노를 진하게 시켜 마시곤 한다. 어느 비오는 날, 한번은 카푸치노를 주문했더니 아르바이트생이 물었다. 오늘은 웬일로 카푸치노를 마시냐고. 생각해보지 않았지만 무슨 말이라도 해야 할 것 같아 대답했다. "오늘 비가 와서 그런지 카푸치노가 마시고 싶네요."

카푸치노를 마시면서 곰곰이 생각해보았다. 오늘 내가 왜 하필 카푸치노를 시켰지? 비가 내리기 때문이라는 이유를 둘러댔지만 그게 진짜 이유가 아니라는 것을 나 자신은 알고 있었다. 상관이 전혀 없지는 않겠지만, 날씨가 내가 카푸치노를 선택하도록 만든 진짜 원인은 결코 아니다. 내가 카푸치노를 선택한 진짜 이유, 원인에 대해선 아무것도 모르지만, 내 의식은 어떻게든 이유를 만들어내야만 했으므로 날씨 핑계를 갖다댄 것뿐이다. 하필이면 카푸치노를 선택하도록 만든 진짜 원인에 대해선 결코 알 수 없을 것이다. 내 의식이 이런저런 추측을 내놓는다고 하더라도, 나는 어떤 추측이 정답인지도 결코 확인하지 못할 것이다. 이 사건은 사소해 보이지만, 여기에 선택의 주관적 측면에 들어 있는 가장 깊고 은밀한 비밀이 들어 있다. 이 은밀한 비밀을 문장으로 표현하면 이렇게 된다.

우리는 이런저런 선택행동에 대해 이런저런 그럴듯하

게 합리적인 이유를 갖다 붙이지만, 그런 선택행동을 하도록 만든 진짜 원인에 대해서는 우리는 거의 알지 못한다.

우리의 선택 행동에서 가장 까다롭고 나 자신도 살면서 가장 당혹스럽고 괴로운 진실이 바로 그것이다. 그런데 이 모든 괴상한 일이 인간 뇌의 구조적 성격에서 비롯된 것이다.

의식은 탁월한 소설가

신경과학자나 심리학자들은 인간의 선택과 의사결정에 두 가지 시스템이 작동하고 있다고 설명한다. 이를 '시스템1'과 '시스템2'라고 부른다. 시스템1은 이유를 만들어내는 의식 시스템이다. 시스템2는 우리가 알지 못하는 깊은 곳에서 우리의 욕망과 감정, 그리고 의사결정을 빚어내고 있는 무의식 시스템이다. 두 시스템은 연결되어 있지만, 무의식 시스템 쪽에서 나가는 힘이 훨씬 더 강력하다. 시스템1은 주관적으로 만들어내는 행위의 동기를 설명하는 이유의 시스템이고 시스템2는 객관적인 원인의 시스템이라고 부를 수도 있을 것이다.

거칠게 비유하자면 시스템2는 자동차고, 시스템1은

자동차의 현재 상태를 표시해주는 계기판이라고 할 수 있다. 현재 속도나 연료 상태 등을 표시하는 계기판은 말 그대로 현재 상태의 결과를 표현하고 있을 뿐, 계기판 자체가 자동차를 움직이게 하거나 하는 영향력은 없다. 우리가 '의식'이라고 부르는 영역이 그런 것이다. 의식은 우리 무의식의 상태나 욕구, 결정을 계기판처럼 표시해준다. 예를 들어, 내 몸에 수분이 부족하면 의식 아래서 작동하는 무의식 시스템에서 갈증이라는 욕구를 불러일으킨다. 무의식이 지금 수분이 부족하니 물을 마시라고 명령하는 것이다. 그러면 우리 의식이 물을 마셔야겠다는 생각을 일으킨다. 의식은 "날이 더워서 그런지 자주 목마르네"라고 이유를 설명할지 몰라도 물론 그 진짜 원인은 체내의 수분부족이다.

임산부들은 평소엔 거들떠보지도 않던 음식들을 강렬하게 원할 때가 있다. 야밤에 남편을 졸라 족발이나 순대를 사달라고 한다든지 하는. 이전엔 징그럽다고 쳐다보지도 않던 사람이! 남편은 이렇게 투덜대면서도 어떻게든 그걸 사와야만 한다. 물론 임산부는 갑자기 왜 그런 음식이 당기는지 진짜 원인은 모른다. 우리 몸은 정답을 알고 있다. 족발이나 순대에 들어 있는 어떤 영양분이 필요한 것이다. 이런 방식으로 몸, 즉 무의식은 우리에게 진짜 무엇이 필요한지를 잘 알고 있고, 그것을 우리가 욕망하도록 만든다. 그 욕망들이 바로 우리가 어떤 것을 선택하는 진짜 이유다. 그러나 대부분의 상황에서 시스템1은 시스템2가 왜 그런 욕망을 일으키는지 그 원인을 모르기 때문에 자기 맘대로 이유를 지어내곤 하는 것이다.

사랑이라는 이름의 열정에 대해서도 마찬가지다. 한창 사랑에 빠져 있는 연인들 사이에서 종종 이런 말들이 오고간다. "그런데 왜 하필 나를 선택했어? 왜 나를 사랑해?" 왜 하필 그대를 사랑하게 되었냐고? 우리가 정말 그 진정한 이유를 알 수 있을까? 연인에게서 갑자기 그런 질문을 받으면 우리는 말을 더듬다 결국엔 이런저런 이유를 갖다 붙이며 나름 진지하게 설명을 시도한다.

그러나 어떤 이유를 대든, 그런 의식이 갖다 붙이는 이유들은 진실이 아닐 가능성이 크다. 우리로 하여금 사랑의 열정을 불태우게 만드는 진정한 원인은 바로 시스템2의 무의식적 욕망 속에 있다. 특별한 장애가 없는 이상, 다른 모든 동물들과 마찬가지로 사춘기에 접어들기 시작하면서 이성에 대한 이상야릇한 호기심과 욕망에 휘둘리기 시작한다. 대부분의 동물들은 발정기 동안에만 욕정이 일어나고 짝짓기 투쟁을 벌인다. 하지만 인간만은 1년 365일이 전부 발정기다. 성생활에 관한 한 완전한 '만인은 만인의 연인'을 실천하며 사는 복된 종족인 보노보 원숭이들에게야 그게 문제가 되지 않겠지만, 소위 문명이니 일부일처

제 도덕이니 하는 금기를 벗어날 수 없는 인간종에겐 유전자에 각인된 이 가차없고 맹목적인 성욕이야말로 실로 골치 아픈 문제가 된다.

인간도 생물인 한, 짝짓기와 번식 문제는 지엄한 유전자의 명령이다. 마음은 아무리 고상하고 우아한 생각만 하고 싶어도, 이 빌어먹을 몸이 말을 안 듣는다. 유전자 입장에선 칸트나 쇼펜하우어, 니체 같은 고상하지만 번식을 거부하는 독신 철학자들이야말로 최대의 적이다. 모든 인류가 그들처럼 철학을 하느라 번식을 거부하면 어떤 사태가 벌어질지 상상해보라. 유전자들은 아우성치며 "그 입 닥치라! 그만 입 닥치고 섹스나 하라!"고 하지 않을까?

성욕과 사랑이 아무리 다른 것이라고는 하지만, 사랑의 뿌리가 성적인 욕망에 기원을 두고 있다는 사실만큼은 부인하기 어려울 것이다. 성적인 욕망과 완전히 무관한 사랑은 우정이라고 불리는 것이다. 오늘날 생물학자들은 인간의 삶을 다른 동물들과 다름없는 생존과 번식을 위한 투쟁의 장으로 이해하는 경향이 있다. 심지어는 남자들이 부와 권력과 지위를 놓고 격렬하게 투쟁하는 것도 알고 보면 더 잘 생존하여 더 좋은 짝을 만나 자신의 유전자를 더 많이 퍼뜨리기 위한 생물학적 본능의 산물에 불과하다고 주장한다. 우리로 하여금 알 수 없는 이유로 열렬한 사랑에 빠지게 만들고, 사랑에서 황홀한 쾌락을 얻고, 정서적으로 깊은 유대감을 갖게 되는 것은 모두 우리 뇌에서 터져 나오는 몇 가지 호르몬들의 작용이라는 설명이다. 테스토스테론 같은 성호르몬과 도파민 같은 쾌락 호르몬, 그리고 연인이나 부부, 부모 자식간의 정서적 애착을 일으키는 사랑의 호르몬인 옥시토신이나 바소프레신 같은 호르몬의 작용이 그것이다. 그 호르몬들은 너무나 강력하여 그것들이 우리 뇌를 덮치게 되면 소위 "눈에 콩깍지가 쓰인다"고 하는 상황이 생긴다. 사랑의 호르몬이 뇌를 흠뻑 적셔 놓으면 이성적인 판단을 관장하는 앞뇌, 즉 전두엽의 활동이 현저하게 위축되어버린다. 그러면 상대의 허물이나 단점도 보이지 않고 주변 상황에 대한 냉철한 인식도 불가능하게 되고 만다. 그저 불도저처럼 짝을 향해 미친 듯이 달려들게 만드는 것이다.

그런데 로미오와 줄리엣, 젊은 베르테르처럼 그 불같은 사랑에 장애물이 생길수록 오히려 감정은 더욱 격렬해지고, 마침내는 목숨까지도 바치는 결단도 서슴지 않게 된다. 쇼펜하우어는 인간의 사랑에 관해 "인간의 행위 중에 이처럼 신비롭고 진지한 것은 없다" 말했지만, 오늘날 우리는 그 모든 것이 하나도 신비로울 것 없는 유전자 설계와 호르몬 작용의 결과임을 잘 알고 있다.

이런 이유들로 나는 언제부터인가 나 자신에게든 타인에게든 사랑의 이유를 묻지 않게 되었다. 수많은 이성들 가운데서 왜 하필이면 특정한 누군가를 사랑하게 되는지에 대한 이유는 사실상 거의 믿을 게 못 된다는 걸 이제는 안다. 물론 시스템1은 온갖 이유를 갖다 붙이겠지만, 깊이 들여다보면 자신도 절대 알지 못한다. 의식은 진짜 원인을 모르기 때문에 가장 그럴듯해 보이는 이유를 소설가처럼 지어낼 뿐이다.

인간의 의식은 이유를 지어내는 탁월한 소설가다. 나아가 그 어떤 변호사보다 더 탁월한 변호사이며, 위대한 거짓말쟁이이다. 우리 의식이 얼마나 자기합리화에 능한 거짓말쟁이인지를 보여 주는 실험 결과들도 많다. 그중의 하나가 최면 실험이다. 어떤 사람에게 최면을 건 후, 무의식 상태에 빠져 있는 사람에게 "내가 헛기침을 두 번 하면 당신은 자리에서 일어나 창문을 엽니다"라고 말한다. 이후 피실험자가 최면에서 깨어난 후에 실험자는 헛기침을 두 번 하면 어김없이 피실험자는 느닷없이 일어나 창문을 활짝 연다. 실험자가 갑자기 왜 창문을 열었지요? 하고 물으면 피실험자는 이런저런 이유를 갖다 댄다. "여기 실내 공기가 너무 더운 것 같아서요"와 같은.

의식을 너무 믿어서는 안 된다. 무의식은 자기 자신마저 속이는 데 가히 천재적인 능력을 발휘하니까. 이 말은 달리 말해 모든 인간은 자기기만의 천재라는 뜻이기도 하다. 물론 진화적인 관점에서 본다면 이런 자기기만조차도 우리를 더 잘 생존하게 하기 위해 만들어진 고육지책이다. 그러나 선택과 관련해서 본다면 그런 종류의 자기기만은 우리의 삶을 자칫 낭패스런 상황으로 몰아갈 수도 있다. 때문에 심리학에서는 그런 자기기만 시스템을 통칭해서 무의식적 편향이라고 부른다.

착각하는 감정

우리는 자신이 느끼는 감정만은 진실한 것이라고 생각한다. 내 감정을 타인에게 속일 순 있지만, 자기 자신에게만큼은 결코 속일 수 없다고 믿는다. 하지만 현대 심리학에서는 꼭 그렇지만은 않다고 주장한다. 인간의 무의식은 교묘한 방식으로 감정마저 속여 넘긴다는 말이다. 즉 내가 지금 느끼고 있는 이 진실한 감정마저도 실은 '가짜'일 수도 있다는 것이다!

심리학에는 이를 확인해주는 여러 가지 실험이 있다. 예를 들어 아찔한 다리 효과라는 실험은 우리의 감정이 어떻게 우리를 속여 넘기는지를 잘 보여준다. 한 무리의 매력적인 여대생들에게 지나가는 남자들을 붙잡아 학교 과제라고 하면서 설문지 작성을 부탁한다. 무대는 두 개의 다리 위다. 한쪽 다리는 작은 개울 위에 걸쳐진 전혀 위험하지 않은 평범한 다리고, 다른 한쪽은 바위 투성이 땅에서 70미터 높이에 설치되어 있는, 아래를 내려다보기만 해도 심장이 쿵쾅거리는 다리다. 여대생들은 두 다리 위에서 남자들이 설문을 작성하게 한 후, 질문이 있으면 언제든 연락하라며 전화번호를 주었다.

설문을 작성한 남자들 중 어느 쪽 다리의 남자들이 더 많이 연락을 해왔을까? 답은 아찔하게 높은 다리에서 설문을 작성한 남자들이다. 아찔한 다리 위에서는 50퍼센트의 남자들이 연락을 해왔다. 반면 평범하고 안전한 다리 위에서는 고작 10퍼센트. 왜 이런 차이가 나는 걸까? 답은 무의식에 있다. 아찔한 다리 위에서 사람들은 신체적인 두려움을 느낀다. 그럴 때 우리 몸은 긴장하게 되고, 아드레날린이 쏟아지면서 심장박동이 빨라진다. 그 상태에서 여성과 만나게 되면 우리 뇌는 심장박동을 감정적으로 해석해 버린다. "이렇게 심장이 두근거리는 걸 보면 내가 이 여성에게 호감을 느끼기 때문일 거야" 하고. 또는 마음이 있는 사람에게 무언가를 자꾸 부탁하여 들어주게 만든다. 부탁을 들어주는 사람은 도와주는 행동과 도와주는 것이 내키지 않는 마음 사이에서 인지부조화가 생긴다. 그러면 뇌는 그런 인지부조화를 해소하기 위해 이미 실행한 행동을 합리화하는 쪽으로 생각을 바꾸어버린다. "내가 그 사람을 도와주는 건 그 사람에게 호감이 있기 때문이야" 하고.

이것이 바로 착오귀속 효과라는 것이다. 우리 뇌가

신체 반응을 감정적으로 잘못 해석해버린다는 것이다. 그래서 심리학자들은 우리의 무의식은 꽤나 어리숙하고 순진하다고 말한다. 착오귀속 효과가 말해주는 것은 우리의 무의식은 몸의 현재 상태나 몸의 행동을 항상 합리화하려는 경향이 있다는 사실이다. 속된 말로 "몸이 가면 마음도 간다"라는 말이 있는데, 그것이 바로 착오귀속 효과의 전형적인 사례다.

왜 몸이 가는 데로 마음이 따라가는 걸까? 착오귀속 효과는 인지부조화 상태에서 초래되는 불쾌한 감정을 없애버리고 편안해지려는 무의식의 본성 때문에 생긴다. 뇌과학자 이케가야 유지는 이렇게 설명한다.

> 자기가 취한 태도가 감정과 모순될 때, 기왕에 실행해버린 행동은 부정하기에도 이미 늦어버렸으므로 자기 마음을 바꿈으로써 합리화합니다. 행동과 감정이 어긋난 불안정한 상태를 안정시키려는 것입니다.(이케가야 유지, 《단순한 뇌 복잡한 나》, 65쪽)

그러니 연애를 위해서는 이 착오귀속 효과를 잘 활용해볼 일이다. 마음에 드는 사람이 있으면 도깨비집처럼 무서운 곳이나, 심장을 쿵쾅거리게 만드는 공포영화를 상영하는 극장 같은 데서 자연스럽게 손을 잡거나 그곳에서 사랑을 고백하면 성공할 확률이 높아질 터이니 말이다.

착오귀속 효과는 이처럼 내 감정조차도 그대로 믿기 어렵다는 사실을 보여 준다. 내 감정은 내 신체반응이나 내가 한 행동을 잘못 해석하거나 부지런히 정당화해주고 있는 것이다. 그런데 문제는 타인이 볼 때는 타인이 지금 착오귀속 효과에 속아 넘어갔다는 게 보일 수도 있는데 정작 당사자는 그걸 전혀 모른다는 것이다. 나에 대해 더 정확하게 알 수 있는 것은 내가 아니라 오히려 타인이라는 사실, 이것 또한 씁쓸한 우리 자신에 대한 진실이다.

착오귀속 효과는 우리의 무의식이 갖고 있는 일종의 심리적 편향bias 기제 가운데 하나다. 심리학에서 말하는 편향이란, 모든 주어진 데이터를 제대로 분석 평가하지 않고 한쪽으로 치우쳐서 사고하는 생각의 오류를 가리킨다. 대개 무의식이 신속하게 내리는 직관적 사고가 가진 함정들을 가리키는 말이다. 최근에는 이런 직관적 사고의 함정인 편향을 다룬 책들도 제법 나와 있는데, 그런 책들에서 다루고 있는 인간의 심리적 편향들이 얼마나 많은지, 이런 뇌를 가지고 제대로 된 의사결정을 내리는 일이 가능한지에 대한 원초적인 의문마저 생기곤 한다.

우리 마음속에 깊이 뿌리내리고 있는 각종 심리적 편향이나 인지 오류들을 살펴보기 위해선 대니얼 카너먼 이야기를 하지 않을 수가 없다. 심리학자였던 대니얼 카너먼은 1970년대 초, 동료인 트베르스키와 함께 불확실한 상황과 조건에서 이루어지는 판단과 의사결정에 관한 지배적인 경제 이론인 기대효용이론의 전제, 즉 인간의 '합리적 판단'에 대해 근본적인 의문을 제기하고 인간이 가진 직관적 판단의 인지적 오류가 합리적 의사결정을 방해한다는 것을 밝혀냈다. 그것이 바로 '발견법과 편향이론'Heuristics and Bias이다.

발견법, 즉 휴리스틱Heuristic은 '찾아내다' '발견하다'라는 뜻의 그리스 말에 뿌리를 두고 있다. 불확실하고 복잡한 상황에서 부딪히는 문제를 가능한 한 빨리 풀기 위해 쓰는 주먹구구식 셈법이나 직관적 판단, 경험과 상식에 바탕을 둔 단순하고 즉흥적인 추론을 뜻한다. 발견법이 의미하는 것은 이런 것이다. 우리 인간은 불확실한 상황 속에서 판단을 내릴 때는 확률이나 효용극대화 이론을 동원하여 복잡한 계산을 하는 것이 아니라, 경험 법칙에 비추어 어림짐작과 같은 지름길을 선택한다는 것. 그리고 이런 지름길은 대개 인지적 '오류'를 범한다. 그러한 인지적인 판단 오류를 낳는 심리적 메커니즘이 바로 편향Bias이라고 불리는 것이다. 인간은 그런 심리적 편향을 벗어나지 못한다. 즉 우리는 미래가 불확실한 상황에서 논리적이고 합리적인 사고가 아니라 비합리적이고 편향된 사고에 의존해 판단하고 선택한다. 대니얼 카너먼과 트레브르스키를 비롯한 최근의 행동경제학 이론들은 여러 경험적인 실험들로 인간의 비합리적인 판단 메커니즘(휴리스틱)을 밝혀냈다.

쉬운 예 몇 가지만 살펴보자. 첫 번째는 인간의 손실회피Loss Aversion 성향이다. 아래 두 가지의 질문에 대해 속으로 먼저 선택을 해보자.

A. 당신은 150만 원을 딸 확률이 50퍼센트, 100만 원을 잃을 확률이 50퍼센트인 내기를 하겠는가?

B. 당신은 100만 원을 확실히 잃겠는가, 아니면 50만 원을 딸 확률이 50퍼센트, 200만 원을 잃을 확률이 50퍼센트인 내기를 하겠는가?

실험 결과 A의 질문에는 내기를 하겠다는 응답자가 거의 없었다. 내기의 기대이익이 25만 원이지만 사람들은 위험을 감수하려 하지 않는다. 이익이 적어도 손실의 두 배는 돼야 내기를 받아들였다. 그러나 B와 같은 질문에는 대부분 내기를 받아들였다. 내기의 기대이익은 75만 원이다. 사람들은 100만 원을 확실히 잃는 것보다는 위험을 안더라도 손실을 피할 수 있는 내기를 택했다. 이익을 위해서는 굳이 위험을 안으려 하지 않던 이들도 손실을 피할 수 있다면 기꺼이 위험을 감수하려 한다. 이런 여러 실험의 결과가 말해 주는 것은 인간의 '손실회피 성향'이다. 실험에 따르면 인간은 본성적으로 손실을 볼 때 느끼는 고통을 이득을 얻을 때 느끼는 기쁨보다 두 배는 더 크게 느낀다고 한다.

또 다른 대표적인 휴리스틱으로는 대표성 휴리스틱Representativeness Heuristic이 있다. 이는 두드러지는 어떤 특징이나 속성만을 보고 그것이 속한 대상의 특성이나 본질을 그대로 대표한다고 판단해버리는 것을 말한다. 부분만 보고 전체를 판단해버리는 오류다. 일상 생활에서도 이런 대표성 휴리스틱은 쉽게 발견된다. 학과 명칭만 듣고도 그 학과에 다니는 모든 학생들에 대한 대표적인 고정관념을 부여해버리는 습관 같은 것이다. 철학과는 두꺼운 뿔테 안경을 쓴 고리타분한 학생들이고 법학과는 고시에 목매는 공부벌레라는 식으로. 또는 여자친구를 소개해준다면서 '연예인' 같다고 하면 곧장 '예쁜 여자'를 상상해버리는 식으로.

이밖에 대표적인 비합리적 인지 오류로 가용성 휴리스틱이란 것도 있다. 가용성 휴리스틱Availability Heuristic은 맨 처음 머리에 떠오르는 인상과 정보를 사용해서 판단해버리는 인지 오류다. 여기에 속하는 대표적인 것이 '최근 자료 효과'다. 예를 들면 복권 관계자는 지난 회 1등 당첨자를 대대적으로 선전하면서 돈만 날린 대다수 사람들 얘기는 절대 언급하지 않는다. 또 사람들에게 남녀가 반씩

섞인 인명 목록을 제시하여 어느 쪽이 더 많은가를 묻는 실험도 있다. 남자들 이름에 잘 알려진 남성 유명인사의 이름들이 섞인 명단을 제시하면 남자들이 많다고 판단하고, 여성 유명인사의 이름들이 섞인 명단을 제시하면 여성이 더 많다고 판단한다. 첫인상 효과라는 것도 가용성 휴리스틱에 속한다. 사람들은 대개 처음 만났을 때 받은 첫인상으로 그 사람 전체를 판단해버리는 경향이 많다. 그 첫인상을 바꾸려면 굉장한 노력이 필요하다. 소설을 읽거나 영화를 볼 때도 앞부분이 인상적이고 강렬하면 그에 대한 평가를 좋게 내리는 경향이 여기에 속한다. 가용성 편향은 인상이 강렬할수록, 최근에 자주 접한 자료일수록, 쉽게 기억에 떠오를수록 극적인 효과가 있을수록 강렬하고 쉽게 먼저 인상에 떠오르고 사람들은 그런 인상을 토대로 비합리적인 판단을 내린다는 걸 보여준다.

사소해 보이지만 실제 삶에서 중요한 일일 수도 있는 이야기를 해보자. 결혼해서 살고 있는 부부에게 남편과 아내 중 어느 쪽이 가정생활에 더 많이 기여하고 있는지 그것을 백분율로 나타내 보라고 묻는다. 물론 남편과 아내에게 각각 따로 물어보는 것이다. 남편과 아내가 각기 적어 온 퍼센티지를 합하면 몇 퍼센트나 나올까? 대충 짐작하겠지만 총합은 100퍼센트를 넘는다. 서로가 가정에 더 많이 기여하고 있다고 판단하는 것이다. 어린아이를 키우고 있는 맞벌이 부부에게 묻는다면, 더더욱 그러리라는 건 불문가지다. 남편과 아내는 사실 어느 쪽이나 공정하게 판단하지 못할 가능성이 크다. 이런 심리적 편향도 가용성 편향Availability Bias 때문에 생기는 현상이다. 상대방이 한 노력이나 일보다 자신이 한 것에 대한 더 많은 기억과 정보를 갖고 있고, 그런 정보의 불완전한 가용성이 자신의 공헌도를 더 높이 평가하도록 만드는 것이다.

만일 어느 부부가 갈등 상황에 있거나 혹은 이혼소송 중이라면, 이런 가용성 편향은 더 크게 작동하여 분쟁을 심각하게 할 수도 있다. 그러나 어떤 사람도 이런 편향에서 완전히 자유로울 수 없다.

우리는 보고 싶은 것만 본다

그러나 선택상황에서 의사결정을 내릴 때, 우리의 선택을 더 좌우하는 무의식적 선택 편향 중 가장 심각한 것은 '확증 편향'이라고 부르는 것이다. 확증 편향은 자신의 신념이나 기대와 일치하는 정보는 쉽게 수용하고, 신념과 일치하지 않는 정보는 그것이 아무리 객관적이고 올바른 정보라도 무조건 무시해버리거나 거부해버리려는 심리적 편향이다. 어떤 문제에 대한 의사결정을 할 때, 사람들은 자신의 신념이나 생각, 주장을 확인해주거나 확증해주는 것으로 보이는 증거나 정보에만 더 무게를 둔다. 뿐만 아니라 그런 증거들을 더 잘 알아차리고, 더 잘 찾고, 더 활발하게 찾는다.

이 무의식적 선택 편향인 확증 편향은 인간이 변하는 게 얼마나 어려운가를 설명해준다. 그리고 인간이 얼마나 자기중심적이며 또 얼마나 편견이나 선입견을 고치기 어려운가도 설명해준다. 이 확증 편향을 프레임 효과라고 부르기도 한다. 사람들은 각기 다른 색의 안경을 쓰고 세계를 보는데, 오직 그 안경으로 보이는 세상만 진실로 인정한다는 것이다. 그럼에도 사람들은 자기는 절대 색안경을 쓰고 있지 않으며 맨눈으로 공정하게 사실만 보고 판단한다고 착각한다.

이 확증 편향은 우리의 무의식 깊은 곳에 숨어서 우리를 지배한다. 사사로운 일상생활에서부터 넓게는 삶의 가치관이나 종교, 정치적 판단과 선택에까지 깊게 영향을 미친다. 무엇보다 확증 편향이 과도해지면 공동체의 삶 자체가 위기에 처하게 된다. 한국에서 정치적 확증 편향의 문제는 심각하다. 한국의 정당들은 때로는 은밀하게, 때로는 노골적으로 이 프레임 효과를 이용한다. 국가의 미래와 구체적인 정책을 둘러싼 생산적인 토론은 실종되고 어리석은 색깔론과 이념논쟁만 활활 타오른다. 언론들은 이런 싸움을 말리기는커녕, 오히려 앞장서서 부추긴다. 이에 덩달

클로드 모네, 〈인상, 일출〉(1872)

인식과 인상

19세기, 그림이라고 하면 자고로 실제와 똑같이 묘사하는 것이라 생각했던 당대의 인식에서 충격적으로 등장한 인상파는 당시 실제 같은 그림에 익숙한 사람들에게는 그냥 물감 범벅으로밖에 보이지 않았다. 심지어 일간지 미술담당 기자는 인상파들의 전시회를 두고 "벽지로도 쓸 수 없다"고 혹평할 정도였다. 우리가 선입견이라고 부르는 무의식적 심리편향인 확증 편향은 일상의 영역에서 세계관에까지 깊은 영향을 미치며 우리를 지배한다.

아 미디어와 정당들이 주도하는 프레임에 갇힌 국민들까지 가세하여 인터넷에서까지 혼탁한 싸움이 벌어진다. 상생의 정치는 사라지고 증오와 불신을 부추기는 권력 투쟁만 남는 것이다. 일상생활에서 정치에 이르기까지, 우리가 더 현명하고 객관적인 판단과 선택을 할 수 있으려면 자기 속에 있는 이 무의식적인 선택 편향을 벗어나야 한다.

만일 이 선택 편향이 낙관주의 편향과 결합하면, 자기와 이해관계가 걸린 문제에 관해 맹목적으로 낙관적인 판단을 내리거나 그릇된 판단을 하게 되어 큰 낭패를 볼 수도 있다. 새로운 사업이나 프로젝트를 계획하고 추진하는 경우 확증 편향은 큰 실패를 가져올 수도 있는 것이다.

이외에도 우리의 선택을 좌우하는 편향들은 꽤 많다. 감정적으로 '우리 대 그들' 프레임에 갇혀 나와 관계된, 즉 '우리'라고 부를 수 있는 집단은 무조건 좋게 보고 우리 밖에 있는 '그들'은 모두 타자로 보아 무조건 배제하고 부정적으로 판단하는 편향도 마찬가지다. '우리'에 속하지 않는 조직이나 단체나 종교, 민족, 인종을 차별하는 심리의 뿌리가 바로 '우리 대 그들' 편향이다. 종교갈등, 민족갈등, 인종차별 등이 모두 그런 비합리적인 무의식적 편향에서 나온다. 이런 편향들은 우리로 하여금 객관적이고 공정하게 사태를 파악하지 못하게 만들고, 우리를 그릇된 선택으로 이끈다.

운전수는 둘

살펴본 것처럼 인간은 합리적이기도 하고 비합리적이기도 하다. 이러한 모순은 인간이 오늘날과 같은 뇌를 가지도록 만든 진화 과정 자체의 산물이다. 위험천만한 야생의 환경 속에서 생존하고 번식하기 위해 투쟁하는 과정에서 인간의 뇌는 오늘날과 같은 독특한 구조를 가지게 되었다.

신경 과학자 리드 몬터규Read Montague는 《선택의 과학》이란 책에서 생명의 진화과정이란 "살아남는 놈이 살아남는 것이지만, 그렇게 살아남기란 절박하리만큼 힘들다"고 강조한다. 그에 따르면 초기 인류는 굶주림의 위협이 지속적인 동기 유발 요인이 될 정도로 상당히 절박하고 힘든 조건에서 생존 투쟁을 벌였다. "생명이란 무자비하다. 따라서 생명의 작용은 효율적이기 위해 에너지를 효율적으로 노획하고, 저장하고, 처리하라고 우리에게 끊임없이 압력을 가하는 것이다."(《선택의 과학》, 44쪽) 그리고 바로 그런 절박함의 압력에서 오늘날 우리에게 장착된 인간적인 뇌의 효율성이 나왔고, 지금까지 살아남았다.

그런 점에서 본다면, 인간이 가지고 있는 이 '비합리적인' 발견법과 편향들조차도, 생존 가치라는 차원에서는 합리적인 것이라고 볼 수도 있다. 만일 생존의 차원에서 완전히 비합리적이었다면, 인간이라는 종이 오늘날과 같은 정도의 문명을 이룩하면서 만물의 영장임을 자처하며 생존할 수조차 없었을 것이기 때문이다. 많은 진화심리학자들이 말하는 것처럼, 현재 인류의 뇌는 수만 년 전 원시 시대에 적응하고 살아남기 위해 개발된 뇌이고 그런 환경에는 합리적이었던 것이 사실이다. 다만 오늘날과 같은 거대하고 복잡한 문명 사회에서는 그런 원시적인 뇌가 가진 비합리성이 더 크게 두드러져 보이고, 실제로도 많은 문제를 일으키고 있을 뿐이다.

그럼에도 머릿속 깊은 곳에서 내 선택과 의사결정을 좌우하는 이런 모든 무의식적 편향들을 생각하면, 나는 몹시 안타깝기도 하고 또 우스꽝스럽게 느껴지기도 한다. 나는 한때 내 판단과 선택을 좌우하는 이런 부정적이고 불공정한 편향들에 속지 않기 위해 열 가지 정도 되는 중요한 심리적 편향들을 메모지에 적어서 주머니에 넣고 다니곤 했다. 절대 나를 조종하는 이 괴물들에 속지 않을 거라는 결연한 심정이었다. 나는 가급적 열린 마음과 개방적인 태도로 상황과 사태를 바라보려 노력했다. 끊임없이 나 자신의 생각과 판단을 의식적으로 심사숙고 하면서 '검열'하고, 내가 만들어 낸 '이유'가 아닌 '원인'을 인식하려고 노력했었다. 그런데 솔직히 매사에 그렇게 자기의 마음을 검열하고 심사숙고하며 사는 건 너무 피곤한 일이고, 불가능한 일이기도 하다는 걸 인정하지 않을 수 없었다.

가용성 편향이나 확증 편향, 착오귀속 편향, 우리 대그들 편향 같은 부정적인 편향들은 스스로 감시할 필요가 있지만, 일상의 사소한 문제까지 그 원인을 심사숙고한다면 일상생활을 제대로 영위할 수 없을 것이다. 사실 우리의 무의식, 즉 시스템2는 진화적으로 우리가 좀 더 잘 환경에 적응하고 살아남을 수 있도록 최적화된 시스템이기도 하다.

시스템1을 관장하는 의식은, 판단은 느리되 더 정확하다. 시스템2가 즉각적이고 빠르게 반응하는 대신 부정확한 판단을 하기 쉽다면, 시스템1은 반응은 느리지만 정확하다. 길쭉한 무언가를 보고 행여 뱀일까 놀라 무조건 피하는 게 시스템2라면, 일단 피하고 나서 그 길쭉한 걸 자세히 주의 깊게 관찰하여 정확하게 판단하는 게 시스템1이다. 주의를 기울여본 결과 그것이 뱀이 아니라 새끼줄일 때, 마침내 우리는 후유 하고 안도의 한숨을 내쉬게 되는 것이다.

그러니까 실상 우리 뇌의 두 시스템은 우리도 모르는 사이에 기가 막히게 잘 협력하면서 우리를 조종하고 있는 셈이다. 우리가 자동차라면, 두 시스템은 서로 협력하여 우리가 죽지 않고 환경에 잘 적응하며 살아가도록 운전대를 잡고 있는, 완벽하진 않지만 그럭저럭 괜찮은 운전수들이다. 이젠 습관이 되어 굳이 주의를 기울이지 않고 자동적으로 처리해도 되는 과정들은 전부 시스템2의 무의식이 말고, 주의 깊게 심사숙고해야 할 문제나 낯선 상황에 대처해야 할 때는 시스템1이 작동하여 적응에 실패하지 않도록 조절하는 이중적인 선택 전략을 사용한다.

거친 비유를 사용해서 시스템1은 사실상 계기판에 불과하고 진짜 운전수는 시스템2인 것처럼 말했지만, 이제 그 비유를 대폭 수정할 차례다. 우리를 조종하는 운전수는 둘이다. 그때그때 상황마다 두 운전수가 번갈아 가며 우리를 조종한다. 나는 현명하고 올바른 선택을 위해서는 시스템1 운전수를 적극 활용할 필요가 있다는 사실을 거듭 강조하고 싶다.

인간의 지성적인 능력은 실험과 관찰을 통해 시스템2가 갖고 있는 수십 가지에 이르는 인지-선택 편향들을 밝혀냈다. 그런 인지-선택 편향이 일어나는 '원인'이 바로 우리 뇌의 시스템2의 작용 때문이라는 사실도 밝혀냈다. 병의 증상이 있고 원인을 밝혀내면 병을 고칠 수 있듯이, 우리 자신이 나쁜 선택을 하게 되는 원인들을 명료하게 인식하고 오류에 빠지지 않으려고 노력하는 한, 그런 편향들로부터 어느 정도 자유로워질 수 있는 것도 부인할 수 없는 사실이다. 편향에 빠지지 않고 공정하고 객관적인 판단과 선택을 하기 위해서는 지성의 능력을 활용하며, 독단을 경계해야 한다.

운전면허증만 있으면 누구나 차를 몰 수 있지만, 거

기서 한 걸음 더 나아가 자동차의 구조나 시스템에 대해 더 깊이 공부하여 자동차에 대해 더 잘 알면 알수록 여러 상황에 더 잘 대처할 수 있고, 자동차를 더 잘 관리할 수 있는 것처럼, 우리 뇌의 시스템1을 더 잘 활용할수록 우리의 삶도 더 좋아질 것이다. 시스템1은 비록 느리고 신중하지만 더 정확하고 조금 더 공정하고 합리적인 판단을 할 능력을 갖고 있다. 두 시스템 모두 우리가 갖추고 있는 장치라면, 기왕이면 어느 시스템이든 간에 그 기능과 성능을 최대한 잘 발휘하도록 하는 것이 우리가 살아가면서 맛볼 수 있는 또 다른 즐거움이 될 수도 있지 않겠는가? 또 우리가 우리 속에 들어 있는 여러 가지 비합리적인 휴리스틱과 인지 편향을 깊이 의식하면서 그것을 선택상황에서 신중하고 주의 깊게 활용한다면 적어도 조금은 더 합리적인 선택을 할 수 있지 않을까?

무에 대한 스케치, 그림 없는 초안

당신은 당신이 진정으로 무엇을 원하는지 얼마나 잘 알고 있는가? 잘 알고 있다고 '믿고' 있는가, 아니면 실제로 잘 '알고' 있는가? 우리가 직면하는 각각의 선택상황에서 가장 어려운 것은 선택의 주관적 측면에서 우리가 진정으로 원하는 것이 무엇인지를 아는 것이다. 내가 무엇을 원해야 하는지도 모르는데 무언가를 선택할 수는 없다. 내가 무엇을 원하는지 혹은 원해야 하는지를 알기 위해선 자기 자신에 대해 잘 알아야 하는데, 우리는 과연 스스로의 욕망과 소망, 재능이나 능력에 대해 얼마나 잘 알고 있을까?

이것은 각자의 정체성 문제와도 연결되어 있다. 나는 고대 그리스의 위대한 비극작가 소프클레스가 쓴 희극에 나오는 오이디푸스 왕 이야기를 다시 떠올린다. 한 인간이 주관적으로 자신에 대해 갖는 이미지나 정체성과 객관적으로 드러나는 정체성 사이에 얼마나 큰 괴리가 있는지, 그것이 시간의 변화에 따라 어떻게 객관화되는지를 오이디푸스 이야기만큼 잘 드러내주는 것은 없다.

삶에 우리가 결코 알지 못하는, 숨은 저격수 같은 무수한 불행과 고통, 재앙들이 도사리고 있어 우리를 덮칠 순간만을 기다리고 있다면, 그리고 무서운 저격수들이 다름 아닌 우리가 내리는 선택과 결정에 마치 동전의 뒷면처럼 찰싹 달라붙어 있고 어떤 지혜로도 그것을 간파할 수 없다면, 도대체 우리의 삶과 우리가 내리는 선택과 결정은 다 무엇인가? 무슨 의미를 가지는가? 시간과 운명 앞에서 이토록 무기력한 것이 인간 삶의 근본적인 조건이라면, 우리가 아무리 노력하며 몸부림쳐도 패배의 운명을 피할 수 없는 것은 아닌가? 다만 그저 열심히 시간과 운명에 격렬하게 저항하며 투쟁했다는 그 사실만이 남을 뿐.

프랑수아 자비에 파브르, 〈오이디푸스와 스핑크스〉(1806~1808)

오이디푸스 왕, 인간의 지혜와 운명의 심연 사이

오이디푸스의 합리적인 판단과 선택이 결국 그토록 아이러니하고 끔찍한 결과를 낳고 만다면, 도대체 산다는 건 무엇인가? 우리가 내리는 선택이란 무엇인가? 시간과 운명 앞에서 이토록 무기력한 것이 인간 삶의 근본적인 조건이라면, 우리가 아무리 노력하며 몸부림쳐도 패배의 운명을 피할 수 없는 것은 아닌가? 다만 그저 열심히 시간과 운명에 격렬하게 저항하며 투쟁했다는 그 사실만이 남을 뿐.

선택 문제에 직면할 때 우리가 당황하는 이유는 우리가 매 순간 맞닥뜨리는 선택상황이 늘 생애 최초의 상황이라는 점이다. 우리 모두는 이번 인생을 처음 살아보는 것처럼 살아간다. 매 순간 닥치는 선택의 상황 역시 생애 처음으로 맞닥뜨린 상황이다. 더욱이 우리가 직면한 선택의 상황은 대부분 모호하고 복잡미묘한 '근본적인 불확실성'을 갖고 있다. 때문에 그 상황이 품고 있는 잠재적인 위험과 기회를 그 순간엔 절대로 미리 알 수 없다.

이보다 더 큰 문제는 앞 장에서 말한 것처럼 그러한 모호하고 복잡한 상황 속에서 선택에 직면해 있는 나 자신조차 정작 내가 진정으로 원하는 것이 무엇인지 잘 모르는 때가 많다는 사실이다. 또 설사 내가 진정으로 원하는 것이 무엇인지를 안다고 하더라도 그것이 과연 실행 가능한 선택인지를 정확하게 아는 것도 어렵다. 이러한 복잡함과 어려움이 바로 우리가 직면하게 되는 선택상황의 기본 논리다. 나아가 때로 아예 선택이 너무 어려워 차라리 선택을 포기해버리게 되는 상황도 있다. 흔히 하는 말처럼 시간이 알아서 선택해주기를 기다릴 수밖에 없는 그런 상황.

한 남자를 떠올린다. 이름은 토마스. 밀란 쿤데라의 《참을 수 없는 존재의 가벼움》의 주인공이다. 토마스가 직면한 상황에서 우리는 한 인간 실존이 직면한 선택상황의 복잡함과 합리적 선택의 어려움을 본다.

토마스는 지금 자기 집 창가에 서서 안마당 너머 건너편에 있는 건물들을 바라보며 무엇을 해야 할지 몰라 당혹감에 빠져 있다. 그는 지금 테레사라는 이름을 가진 한 여성을 떠올리고 있다.

약 3주 전 그는 한 시골도시의 카페에서 여종업원으로 일하던 테레사에게 명함을 한 장 건네준 적이 있다. 자유분방한 생활을 하던 토마스에게 그건 일종의 습관적인 행동이었다. 매력적인 시골 아가씨에게 혹시 프라하에 들를 일이 있으면 연락하라고 건넨 명함 한 장. 고작 한 시간 정도 얼굴을 본 게 전부였다. 그런데 열흘 후 그녀가 그를 찾아왔고 바로 그날 그들은 사랑을 나눴다. 그런데 하필이면 그날 밤 그녀가 심한 독감에 걸리고 말았다. 독감 탓에 그녀는 일주일을 그의 집에서 머물렀다.

의사인 토마스는 몇 년 전 첫 부인과 이혼한 이후 자유분방한 연애를 즐기면서 나름의 원칙을 정했다. 어떤 여자와도 절대로 같이 밤을 보내지 않는다는 것. 그는 항상 핑계를 대고 자기 집에서 쫓아내거나 여자의 집에서 나오곤 했다. 그러나 테레사는 심하게 앓으면서 토마스의 침대를 점령한 채 끙끙 앓고 있다. 자유분방하지만 동정심 많은 남자였던 토마스는 자기 침대에서 앓으며 잠들어 있는 테레사를 보면서 갑자기 형언할 수 없는 사랑의 감정을 느낀다. 그녀가 마치 강보에 실려 강물에 떠내려온 가엾은 아기처럼 생각되었던 것이다. 어느 순간 갑자기 그는 그녀가 죽은 뒤 자신이 살아남을 수 없으리라는 기이한 확신이 들었다. 그녀 곁에 누워 그녀와 함께 죽고 싶었다.

　토마스는 창가에 우두커니 선 채로 바로 그런 기이한 감정이 엄습했던 순간을 떠올리고 있다. 그러나 테레사는 일주일 후 다시 시골로 내려갔고, 지금은 혼자다. 그는 고민에 빠져 있다. 어떻게 해야 하나? 테레사를 데리고 올 것인가, 아니면 지금까지 그랬던 것처럼 일회성 연애로 치부하고 넘어갈 것인가? 그는 그때 자신의 감정을 되돌아본다. 그때 느꼈던 것이 사랑의 감정이 아니고 무엇이었을까? 하지만 지금 이 순간엔 확신이 서지 않는다. 그것이 정말 사랑일까?

　그녀의 곁에서 죽고 싶었던 느낌은 명백히 사리에 맞지 않는 것이었다. 그는 그때 그녀를 자기 삶에서 겨우 막 두 번째 보았기 때문이다. 그것은 오히려 히스테리가 아니었던가? 자기 마음의 밑바닥에서는 자기가 사랑할 수 없다는 것을 의식하고도 자기를 속여 이것이 사랑임을 믿도록 하기 시작한 인간의 히스테리 말이다. 이때 그의 잠재의식은 너무도 비겁하여 자기 희극을 위해 근본적으로 자기의 삶에 뛰어들 기회가 전혀 주어져 있지 않은 지방 출신의 이 가련한 식당 종업원을 하필이면 선정했던 것이다!

토마스는 창가에 서서 심사숙고를 계속하지만 끝내 아무런 결론을 얻지 못한다. 그는 그것이 히스테리인지 아니면 사랑인가를 자신이 알지 못하고 있다는 사실만 깨달을 뿐. 또한 테레사와 사는 것이 좋은 것인지 아니면 혼자 있는 것이 더 좋은 선택인지도 그는 결코 알지 못한다. 왜냐하면 미래 상황에 대해서 그는 아무런 예측도 할 수 없기 때문이다. 상황은 너무나 모호하고 불확실하다. 더 나쁘게 토마스는 자기감정의 진실조차 결코 알 수 없는 것이다! 자기가 진정으로 무엇을 원하는지도 잘 모르겠다는 것. 토마스는 이중의 딜레마에 빠져 있다. 앞서 살펴본 것처럼, 감정은 얼마나 자주 우리를 속이는가? 결정 불능 상태에 빠진 토마스는 결국 이런 결론에 도달한다.

테레사와 사는 것이 좋은 것인지 아니면 혼자 있는 것이 나은 것인지, 어떤 결단이 올바른 것인가를 검토한다는 것은 불가능하다. 어떤 비교도 불가능하기 때문이다. 우리는 모든 것을 직접적으로 체험한다. 최초로, 준비없이 체험한다. 미리 앞서 연습도 해보지 않고 무대에 등장하는 배우와 같다. 하지만 삶을 위한 최초의 연습이 이미 삶 자체라면 삶은 어떤 가치가 있을까? 이런 근거에서 삶은 언제나 스케치와 같다. 스케치 또한 맞는 말은 아니다. 스케치는 언제나 어떤 것에 대한 초안, 어떤 그림의 준비인 데 반해 우리 삶의 스케치는 무無에 대한 스케치로서 그림 없는 초안이기 때문이다.

한 번은 없는 것과 같다, 라고 토마스는 자신에게 말한다. 여하튼 우리가 단 한 번만 살 수 있다면 그것은 도대체가 살지 않는 것과 같다.

그래서 이야기는 어떻게 되었는가? 창가에 서 있던 남자 토마스는 결국 선택을 포기한다. 토마스는 선택을 포기했지만 소설의 다른 주인공 테레사는 결코 선택을 포기할 생각이 없다. 토마스는 그날로부터도 거의 보름 이상을 주저했고, 안부 엽서 한 장 보내지 않았다. 그런데 느닷없이 테레사가 다시 토마스 앞에 나타났다. 가슴에는 톨스토이의 소설 《안나 카레리나》를 안고, 그리고 하필이면 토마스 면전에서 터져나와 그녀의 영혼을 질겁하게 만든 배 속의 꾸루룩 하는 소리와 함께.

사실 엄밀하게 말해 토마스는 선택을 한 것이 아니라 선택을 당한 것이나 마찬가지다. 물론 토마스에게도 남은 선택의 여지는 있었다. 테레사를 받아들이지 않으면 되는 것이었다. 하지만 그는 그렇게 하지 못한다. 밀란 쿤데라가 '위험한 메타포'라고 불렀던 하나의 메타포 때문이

에드워드 호퍼, 〈오토맷〉(1927)

기다리거나 기다리지 않거나

늦은 시각. 간이식당 테이블에 홀로 앉아 있는 여자는 고독해 보인다. 어쩌면 오지 않는 누군가를 오래도록 기다리고 있는지도 모른다. 더 기다릴 것인가, 말 것인가? 선택은 온전히 그녀의 몫이지만, 그녀 자신도 자기의 마음을 잘 모를 수도 있다. 이런 모호함과 불확실성 때문에 삶은 더 쓸쓸하고 고독한 것인지 모른다.

었다. 즉 토마스는 테레사를 누군가가 까맣게 콜타르 칠을 한 바구니 속에 넣어 강물에 띄워버린 아기라는, 언젠가 불쑥 자기도 모르게 떠올렸던—하필이면 왜 그런 메타포가 떠올랐는지는 토마스 자신은 결코 알 수 없다. 그건 그의 무의식 속에서 일어난 사건인 탓이다—하나의 시적 은유, 메타포로 이해해버린 것이다. 그는 아기가 담긴 바구니를 매정하게 강물에 휩쓸려 가버리게 할 수는 없었다. 토마스의 사랑은 동정이라는 감정을 위험한 메타포에 실어버림으로써 결코 벗어날 수 없는 운명적인 사랑의 드라마로 끌려들어가고 마는 것이다. 다른 한편으로 토마스의 관점에서는 도저히 선택이 불가능한 상황에서 자기 대신 시간이 알아서 선택해준 것이라고 해석할 수도 있다. 이런 경우, 그 순간 내 삶의 주인공은 내가 아니라 '시간'이 된다.

    테레사와 함께 살기로 결정한 그 순간에도 토마스와 테레사 두 사람 모두 그들의 운명이 어떤 드라마틱한 이야기를 엮어가게 될지 추호도 예측하지 못한다. 왜냐하면 선택과 선택상황, 그리고 어떤 선택이 빚어내는 결과 사이에는 다른 많은 요소들이 개입하게 될 것이며, 특히 시간과 우연이라는 판관이 그 선택에 대한 최종적인 결론을 내리게 되는데 이 무자비한 시간의 권력 앞에서 개인인 우리 인간의 판단력은 극도로 무력하기 때문이다. 밀란 쿤데라가 인간의 삶에 관해 "참을 수 없는 존재의 가벼움"이라고

한 까닭이 거기에 있다. 한 번은 없는 것과 같다, 우리가 단 한 번만 살 수 있다면 그것은 도대체가 살지 않는 것과 같다는 말은 우리의 삶의 매 순간이 눈 깜빡할 사이에 영원히 지나가버리는 것이기에, 거기에 의미라고는 깃털만큼의 무게도 없다는 뜻이다.

하지만 우리의 삶이 깃털만큼의 무게도 없는 가볍디가벼운 것이라 하더라도 삶을 멈출 수는 없는 노릇이다. 토마스가 선택 불가능한 상황에 처해 있을 때조차 시간은 흐르고 새로운 상황이 그를 다른 삶으로 몰아가듯, 우리의 삶도 삶 자체의 의미와 무의미와는 무관하게 시간의 강물 속에서 알 수 없는 미래를 향해 흘러간다. 때로는 선택하고, 때로는 선택당하면서.

⑤

가능세계의 선택

긍정할 수 있는 가능세계

객관적인 사건이라는 관점에서 보면 선택은 무엇보다 어떤 특정한 상황에서 발생하는 하나의 '실행 사건'이다. 다시 말해 선택은 좁은 관점에서는 대안의 선택 문제이기도 하지만, 크게 보면 삶의 윤리학적 사건의 발생이다. 왜냐하면 선택이라는 사건은 단지 이해득실을 따지는 경제적 합리성만의 문제가 아닌, 때로는 손해를 무릅쓰면서도 신념을 관철하는 선택을 하기도 하는 윤리적 사건이기 때문이다. 그런 의미에서 선택-사건은 합리성의 차원에서만 보기 어렵다. 삶을 살아가면서 매 순간 우리 앞에는 선택을 해야만 하는 상황이 생기고, 선택과 결정을 통해 새로운 사건, 즉 선택-사건이 발생한다. 선택-사건들은 이후 상황들 속에서 객관적으로 표현되는 가능세계들을 펼치는데, 그렇게 펼쳐지는 가능세계들은 우리들의 윤리적 삶이라는 스펙트럼 안에서 그 의미가 결정되기 때문이다.

나의 주관적 선택은 한마디로 미래에 펼쳐질 객관적인 가능세계의 선택이다. 만일 오늘이 주말이고 내가 밖으로 외출을 나갈 것인가 그냥 집에 있을 것인가를 두고 고민하는 선택상황이 있다고 하자. 두 선택지가 현재 내게 주어진 미래의 가능세계다. 나가는 경우, 나가지 않는 경우. 만일 외출을 한다면 집에 있는 가능세계는 포기된다.

그 가능세계는 사라진다. 그리고 밖에 나간다 하더라도 누굴 만날 것인가, 만나지 않고 혼자 카페에서 조용히 일을 할 것인가 하는 선택지가 있다. 이런 식으로 가능세계는 계속 가지를 치면서 뻗어나간다. 우리의 삶은 선택한 것들로 이루어지기도 하지만, 실은 그만큼 우리가 선택하지 않았던 다른 가능세계들의 포기와 상실로 이루어지기도 한다. 즉 앞서 말한 기회비용을 반드시 치러야만 한다.

최근에 내가 만난 한 카이스트 학생은 대학에 와서야 자신이 문학을 사랑하고 있다는 것을 깨달았다. 그는 문학과 철학에 관해 더 공부하고 싶지만 지금 다니는 학교에서는 그럴 수 있는 기회가 거의 없다. 그는 지금 두세 가지의 선택지를 놓고 진지하고 심각하게 고민하는 중이다. 자퇴를 하고 문학을 배울 수 있는 대학으로 다시 갈 것인가, 아니면 계속 과학을 공부하면서 작가 수업을 할 것인가, 그도 아니면 좋아하긴 하지만 불확실한 작가의 길을 완전히 포기하고 계속 과학자의 길을 갈 것인가?

현재로선 그 세 가지 모두 가능한 세계다. 각각의 세계는 물론 또 다른 가능세계들을 함축하고 있고 그에게서 펼쳐질 것이다. 그러나 그가 어느 길을 선택하든, 나머지 가능세계는 그에게서 사라질 것이다. 그리고 어떤 가능세계를 선택하느냐에 따라 그의 미래 삶은 전혀 다른 모습으로 펼쳐질 것이다.

이때 가능한 세 가지 선택지는 모두 각각 '기회와 위험'을 포함하고 있다. 어떤 기회이고 어떤 위험인가? 우리가 그 모든 변수들을 모두 계산할 수 있는가? 물론 우리는 앞에서 살펴본 최적화 모델이나 제한적 만족 의사결정 모델을 참고삼아 분석해볼 수 있을 것이다. 최대한 모든 가능한 정보들을 수집하고, 기회비용들을 엄밀하게 계산하고, 또 미래의 상황들을 예측해보려 하지만, 그럼에도 완벽한 예측은 불가능하다.

모든 선택지마다 우리가 얻는 것이 있고 또한 동시에 반드시 잃는 것들이 있다. 위에서 얘기한 카이스트 학생은 세 가지 중 어느 길을 선택하든, 반드시 포기하고 잃게 되는 기회들이 있다. 만일 어느 한 길을 선택했다가 그것이 원하는 결과로 나오지 않을 경우, 포기한 길들에 대한 미련과 후회, 아쉬움은 상상 이상으로 더 커질 가능성이 많다.

그럼에도 우리는 결국 선택해야만 한다. 이때 '좋은 선택'은 무엇으로 좌우되는가? 그것은 결국 그 사람의 인생관과 신념, 즉 그의 삶이 추구하는 목표가치 등에 좌우될 가능성이 크다. 모험과 위험을 두려워하지 않고 설사 실패하더라도 자신이 진정으로 원하는 삶을 살아야 한다는 인생관과 삶의 목표를 가진 사람이라면 위험하고 불확실하더라도 그 길을 택할 것이다. 반면에 이익의 극대화와 손해의 최소화를 인생 신조로 삼는 사람이라면 절대 불확실한 모험에 나서지 않을 것이다. 설사 지금 선택한 길이 별로 마음에 들지 않다 하더라도, 위험과 손해를 보는 것보단 낫다고 판단할 터이니까.

결국 어느 쪽이든, 궁극적으로 선택 기준은 동일하다. 나중에 어떤 결과가 나오더라도 그것을 내 삶의 일부로 온전히 긍정할 수 있는 가능세계를 선택하는 것이 최선의 선택인지 모른다. 실패하더라도 스스로 원하고 선택한 길이니 후회하지 않을 것이라 생각한다면 보다 위험이 큰 쪽을 선택할 수도 있다.

우리가 미래라고 부르는 것은 다름 아닌 가능세계들의 집합이다. 하나하나 무언가를 선택할 때마다 그 선택은 새로운 가능세계의 가지들을 뻗쳐 나간다. 시간 속에서 이루어지는 모든 선택 행동은 가능세계의 수목구조를 형성한다. 나무가 위로 자랄수록 계속해서 새로운 가지들을 뻗고, 그 가지들이 갈라지고 또 갈라지며 자라나듯, 우리의 인생행로는 가능세계 속에서 전개된다.

상황들

모든 선택상황들은 가능세계를 품고 있고, 가능세계들은 각자 독특한 '기회와 위험들'을 함축하고 있다. 모든 선택은 가능세계의 선택이지만, 가능세계를 펼치는 선택상황들이 항상 우리에게 신중하게 좋은 선택을 내릴 수 있는 시간의 기회를 주는 것은 아니다. 선택의 기로에 놓이게 되는 상황에도 세 가지 종류가 있는 것이다.

선택상황에는 크게 일상적인 상황과 돌방상황, 그리고 한계상황이 있다. 일상적인 상황은 평소 우리가 생활하는 행동반경에서 특별한 변화 없이 평소의 생활 규칙을 따라 살아가는 것이다. 학생이라면 집과 학교가 주된 행동반경이 될 것이고, 직장인이라면 집과 직장을 왔다갔다 하는 것이 정해진 생활 규칙일 것이다. 우리는 이런 일상적인 상황에서 평소 정해 놓은 규칙을 그대로 따르는 것을 선택한다. 그러다가 예기치 못한 돌발상황이 발생한다.

몇 년 전 평소처럼 차를 몰고 집 앞 골목길을 빠져나가 도로로 진입하려는 찰나, 갑자기 옆쪽 길에서 튀어나온 자전거와 충돌하는 사고가 난 적이 있었다. 다행히 자전거 앞바퀴 쪽에 살짝 부딪치는 정도였지만, 자전거를 타고 있던 여성은 자전거와 함께 넘어지고 말았다. 순간 심장이 쿵쾅쿵쾅 뛰었고, 당황한 나는 얼른 차에서 내렸다. 차를 몰던 나도, 자전거를 몰던 그 여성도 서로를 전혀 볼 수 없었기 때문에 난 사고였다. 말 그대로 돌발상황이었다. 다행히 그 사고는 사소한 것이었고 병원에서 긁힌 부분을 치료하는 걸로 끝났지만 그날 나는 자동차가 얼마나 무시무시한 흉기인지 새삼 깨달았다.

돌방상황은 대개 예측하지 못하는 상태에서 갑자기 하늘에서 떨어지듯 들이닥치는 것이지만, 나 자신이 그런 돌발상황을 만드는 주체가 될 수도 있다. 즉 수동적 돌발상황이 있고 능동적 돌발상황도 있다.

예를 들어 한 남자가 길을 가다 우연히 눈이 마주친 여성에게 반하는 경우가 있다. 여성과 스쳐 지나가면서 머릿속이 복잡해진다. 그냥 지나갈 것인가, 아니면 쫓아가서 말을 걸 것인가? 성공하면 좋고, 실패해도 말이라도 걸어보는 용기가 나쁠 건 없잖아? 하는 마음으로 용감하게 쫓아가 말을 걸고, 하늘이 도운 탓인지 그날 이후 두 사람은 연인이 되고, 심지어 결혼까지 하게 된다(실제로 있었던 이야기다). 일상적인 삶 속에서 만난 우연한 상황을 주체적으로 긍정적인 돌발상황으로 만들었고, 그것을 평생의 운명적인 선택으로까지 만들었던 것이다. 말 그대로 순간의 선택이 평생을 좌우한 전형적인 사례다.

돌발상황은 일상적인 삶의 궤도와는 다른 예외적인 상황이다. 예를 들어 학생들이 수학여행을 간다거나, 업무차 먼 곳으로 출장을 가는 일 또는 갑자기 누군가를 소개받게 된다거나 자신이나 자신의 가족에 예기치 못한 사고가 생긴다거나 하는 비일상적인 모든 일들이 돌발상황에 속한다. 크든 작든 모든 예외적인 돌방상황 속에는 잠재적으로 긍정적이거나 부정적인 기회와 위험들이 내재한다.

이런 상황에서 사소한 선택 하나가 거대한 행운을 가져다주기도 하고, 인생을 파멸로 몰아가는 비극을 초래하기도 한다.

여기서 선택상황의 세 번째 형태로 중요한 한계상황에 대해 따로 살펴볼 필요가 있다. 왜냐하면 한계상황이라는 선택상황이야말로 각자의 능력과 한계, 가능성과 삶의 가장 극적인 측면들을 잘 드러내 보여주기 때문이다.

한계상황은 돌발상황의 극단적인 형태로 실존주의 철학자 카를 야스퍼스Karl Theodor Jaspers의 핵심개념이기도 하다. 야스퍼스에 따르면 인간은 상황 구속적인 존재이다. 모든 인간은 자연적이고 역사적인 특정한 시공간, 그리고 지금-여기라는 상황 속에서만 살아간다. 상황을 벗어나서는 삶도 선택도, 가능성도 없다. 우리의 삶과 죽음, 성공과 실패, 영광과 수치가 모두 상황 속에서만 드러난다.

일상적으로 살아가는 상황 속에서 우리는 그저 단순하게 별생각 없이 살아간다. 그런 존재를 야스퍼스는 현존재dasein라고 불렀다. 그러나 삶을 영위하는 가운데 불현듯 한계상황에 직면하게 된다. 한계상황은 말 그대로 극한 상황을 가리킨다. 죽느냐 사느냐 하는 생사가 걸린 상황이기도 하고, 또 나의 삶 전체가 결정적인 대전환을 맞는 순간의 상황이기도 하다. 이 상황은 실존적 삶의 막다른 골목이다. 육체적으로나 이성적으로 감당하기 힘든 상황이다. 야스퍼스에 따르면 죽음, 고통, 투쟁의 상황, 그리고 어떤 행동이 예기치 않은 나쁜 결과를 초래했을 때 직면하는 죄책감의 상황이 바로 한계상황이다. 즉 항상 특정한 상황 속에 존재하면서 투쟁이나 고통 없이는 살아갈 수 없고 죽지 않으면 안 된다는 사실, 이러한 사실들을 인식할 때, 우리는 한계상황에 처하게 된다.

문학작품들에는 이런 한계상황에 처한 인간들에 대한 이야기가 끝없이 이어진다. 셰익스피어의 햄릿이 직면한 상황이나 소포클레스 안티고네가 처한 상황이 바로 전형적인 한계상황이다.

테베의 공주 안티고네와 이스메네에게는 두 오빠가 있다. 그런데 두 오빠가 왕권을 다투다 둘 다 죽어버렸다. 두 오빠 에테오클레스와 폴리네이케스는 아버지 오이디푸스가 테베에서 쫓겨난 후 1년 씩 서로 돌아가면서 왕국을 통치하기로 약속했었는데 먼저 왕자리에 오른 에테오클레스가 약속을 지키지 않았고, 이에 분노한 폴리네이케스가 반란을 일으켜 결국 둘 다 전장에서 전사하고 만 것이다.

이후 왕위에 오른 숙부 크레온은 에테오클레스는 성대한 장례를 치러주고 반란을 일으킨 폴리네이케스는 독수리와 늑대들에게 뜯어 먹히게 내버려두라는 명을 내린다. 왕명을 어기는 자는 사형에 처해진다. 안티고네와 이스메네는 한계상황에 처해 있다. 그들은 친오빠의 장례를

단테 가브리엘 로세티, 〈질문〉(1875)

그것이 문제

로세티는 그의 친구에게 쓴 편지에서 그의 작품 〈질문The Question〉을 두고 "셰익스피어의 위대한 문장, 죽느냐 사느냐 그것이 문제로다"를 기본으로 한 그림이라고 썼다. 그러나 그림 속에서는 그 위대한 질문에 대한 어떤 답도 찾을 수 없다. 햄릿은 미친 척도 하고, 연극까지 꾸며가며 사건의 진상을 밝혀내려 하지만 고뇌는 결코 사라지지 않는다. 사실 상황은 모호하고 불확실하다. 결정적인 증거도 없고 그저 심증만 있다. 어떻게 할 것인가? 햄릿은 시간을 질질 끌며 괴로워한다. 차라리 자살하고 싶은 충동에 시달리기도 한다. "죽을 것인가, 살 것인가, 그것이 문제로다."

치러 주고 사형을 당하든가, 아니면 왕명에 굴복하여 오빠가 수치스런 죽음을 맞게 내버려두든가 하는 둘 중의 한 가지를 선택해야만 하는 한계상황에 내몰려 있는 것이다. 수치스러운 삶이냐, 신념을 지키는 죽음이냐. 무릎 꿇고 살아가느냐, 아니면 서서 싸우다 죽느냐? 안티고네와 이스메네는 과연 어떤 쪽을 선택해야 할 것인가? 만일 당신이 그런 상황이라면 어떤 선택을 할 것인가?

문학작품뿐 아니라 문학작품을 창조하는 작가에게서도 이런 한계상황들은 종종 나타난다. 러시아의 대문호 톨스토이도 그런 한계상황에 처한 적이 있었다. 그는 50대 초반에 심각한 실존적인 문제에 봉착했다. 견디기 어려운 삶의 무의미에 직면한 것이었다. 계몽과 합리주의와 과학의 시대가 도래하면서 그동안 삶의 무의미를 가려주던 기독교적 가치들이 붕괴된 삶의 자리에 남은 것은 철학자 니체가 말한 것처럼 허무뿐이었다. 이 세계가 온통 물질로만 이루어져 있다면, 도대체 이 세계와 삶에는 아무런 의미가 없다. 왜 살아야 하는지에 대한 답이 사라져버린 것이다. 톨스토이는 고통과 불행, 무의미로 가득찬 이 삶에 아무런 의미도 없다면 자살밖에 남는 선택이 없다고 보았다. 톨스토이는 고뇌 끝에 결국 다시 기독교 신앙으로 돌아갔다. 그 순간부터 이 위대한 소설가는 사실상 작가이길 포기하고 도덕설교자의 길로 들어서게 된다.

톨스토이의 상황 역시 실존의 삶 전체가 걸린 문제이기에 한계상황에 속한다. 그는 어쩌면 자살할 수도 있었던 것이다. 이외에도 한계상황은 우리 삶의 어느 순간에든 기습처럼 출현한다. 자신의 철학에 한계상황을 도입한 야스퍼스 자신도 그런 경험을 했다. 히틀러의 나치 정권이 들어서 유대인에 대한 박해가 본격화되면서, 나치 정권은 야스퍼스에게 유대인이던 아내와 이혼하기를 요구한다. 그 요구를 거절하면 그는 대학에서 쫓겨나야만 한다. 나아가 더 나쁜 상황이 닥칠 수 있었음에도 그는 나치의 요구를 거절했고, 결국 대학에서 쫓겨나게 된다.

삶의 세계는 무수한 가능세계를 함축하고 있다. 우리에게는 현재 상황이 함축하고 있는 미래의 모든 가능세계를 미리 예측할 수 있는 지혜가 없다. 현재 상황은 너무 많은 가능성들을 포함하고 있고, 또한 미래에 들이닥칠 우연이란 변수들까지 고려하면, 미래를 완전하게 예측하는 건 인간 지성 너머의 일이다. 미래의 모든 가능세계를 예측하려는 것은 마치 바람 부는 벌판에서 손에 들고 있던 풍선을 놓쳤을 때, 그 풍선이 바람을 타고 날아가 마침내 어느 장소에 떨어질지를 미리 예측하는 것만큼이나 어렵다. 아니 사실상 불가능하다.

삶에서 위기는 언제 어디서 들이닥칠지 모른다. 한계상황은 끔찍한 고뇌와 고통을 안겨주는 상황이고, 그것은 인간 이성의 한계를 드러낸다. 야스퍼스는 인간은 한계상황이라는 벽에 맞닥뜨릴 때 도피하거나 존재를 상실해버릴 위험도 있다고 보았다. 한계상황은 고통을 통해 우리의 지성, 인내심, 의지를 시험한다. 무엇보다 한계상황은 그 압도적인 힘으로 유한한 인간인 우리를 좌절시킨다.

칼 야스퍼스는 이런 극단적인 한계상황에서 인간은 현존재에서 실존이 된다고 말한다. 그에게 실존이란, 바로 한계상황에 직면하여 난파당할 위기에서 깊은 고뇌에 빠진 존재를 말한다. 인간은 한계상황 앞에서 그저 좌절하거나 도피하는 방식으로 굴복하지만은 않는다. 야스퍼스는 그런 한계상황을 진지하게 받아들임으로써 인간은 비로소 다른 누구도 아닌, 유일무이한 자신의 고유한 존재를 뚜렷하게 자각한다고 생각했다. 즉 야스퍼스에게 한계상황은 좌절과 초월의 두 계기를 모두 갖고 있다고 보았다. 그리고 그런 한계상황에서 인간은 진정으로 본래적인 자기인 실존Existenz이 된다고 말한다.

> 실존이란 단순히 이러저러하게 존재함이 아니면, 오히려 그것은 존재할 수 있음이다. 다시 말해 나는 실존이 아니라 가능적 실존인 것이다. 나는 나를 소유하는 것이 아니라 나에게로 돌아오는 것이다.(한스 자너, 《야스퍼스》, 181쪽)

다시 말해 실존적 존재란 한계상황 속에서 마침내 자기 자신의 진실을 발견하는 사람이다. 때문에 야스퍼스는 "한계상황을 경험하는 것과 실존하는 것은 동일하다"고 했던 것이다. 한계상황에서 어떤 선택을 하느냐가 바로 그 사람이 어떤 사람인가를 드러내준다. 한계상황에 직면하여 자신의 한계와 유한성, 무능력을 경험하지만 좌절하거나 도피하지 않고 정면으로 그 상황을 직시하면서 자기를 넘어서려고 할 때, 그때 실존적 비약이 일어난다. 그것을 야스퍼스는 초월이라고 불렀다.

한계상황은 우리를 파괴할 수도 있지만, 동시에 우리 속에 잠재하고 있던 위대한 가능세계를 드러내주기도 한다. 한계상황은 그 극단적 성격으로 우리를 절체절명의 심각한 위기에 빠뜨리지만, 동시에 위기의 극복을 통해 우리를 더 성숙하고 더 강한 인간으로 만들어주는 기회이기도 하다. 선택은 바로 우리 자신에게 달렸다.

전혀 엉뚱한 것이 되는 순간

나비효과라는 말을 들어보았을 것이다. 애시튼 커처가 주연을 한 〈나비효과〉라는 영화를 떠올릴지도 모르겠다. 영화에서 주인공은 시공간을 이동할 수 있는 마법의 일기로, 마음에 들지 않는 현재를 바꾸기 위해 과거로 돌아가 과거의 사건을 바꾼다. 그러나 현재로 돌아와보니 과거의 작은 사건이 바뀌어버린 결과로 인해 현재는 상상하지 못했던 전혀 엉뚱한 것으로 바뀌어 있다. 주인공은 이 현재를 바꾸기 위해 다시 과거로 돌아가고, 상황은 계속 반복된다. 과거의 미묘한 변화가 세월이 흐른 현재에 이르면 기대와는 다른 거대한 차이를 낳아버리는 것이다.

널리 알려져 있듯 나비효과는 서울에 사는 나비의 작은 날개짓이 지구반대편에 이르면 거대한 폭풍우를 일으킬 수 있다는 것으로, 초기 조건의 작고 미묘한 차이가 증폭되어 엉뚱한 결과를 나타내는 것을 가리킨다.*

앞에서 선택은 곧 가능세계를 선택하는 것이라고 했다. 선택 자체가 하나의 사건이며, 그 사건은 아무리 사소한 것이라 하더라도 시간의 변화에 따라 상상도 할 수 없는 거대한 변화를 몰고 올 수 있다는 점에서 선택사건은 그 속에 나비효과를 잠재적으로 내포하고 있다.

---

* 나비효과를 처음 발견한 사람은 기상학자인 에드워드 로렌츠로, 1963년 기상 예측 모델을 컴퓨터로 모의실험하던 중에 우연히 초깃값의 미세한 차이가 결과에서 거대한 차이를 나타내는 걸 보고 이를 발견했다. 로렌츠는 그 현상을 보고서 "갈매기의 날갯짓 한 번이 날씨를 영원히 변화시키기에 충분하다"고 비유했는데, 나중에 갈매기가 나비로 바뀌었다. 나비효과는 결국 초기 사건의 아주 사소한 차이가 나중에는 거대한 사건으로 될 수 있는 탓에 사건에 대한 장기 예측은 그만큼 어렵다는 사실을 말하는 것이기도 하다.

이것이 선택의 나비효과이다. 선택의 나비효과는 두 가지로 설명할 수 있다. 첫 번째로 우리는 지금 현재 일어나는 어떤 사건이 과연 사소한 것인지 중요한 것인지 판단하기가 거의 불가능하다는 사실이다. 두 번째는 어떤 상황에서 우리가 내리는 선택과 결정이 초기조건이라면, 이 초기조건은 사소한 것이든 중대한 것이든 간에, 그 선택이 나비의 날갯짓이 되어 시간의 변화와 함께 결과가 예측 불가능한 폭풍우 같은 결과를 낳을 수 있다는 사실이다. 왜냐하면 원인이 되는 초기 선택과 나중의 결과 사이에는 무수한 우연과 운, 예측 불가능한 사건들이 끼어들게 됨으로써 결과가 나비효과를 일으킬 가능성이 커지기 때문이다.

밀란 쿤데라의 단편 〈누구도 웃지 않으리〉는 그런 선택의 나비효과를 잘 묘사하고 있다. 이야기는 겉보기엔 지극히 사소하고 돌발적이며 우연한 사건에서 시작한다. 대학강사이자 미술비평가인 주인공은 어느 잡지에 논문을 한 편 실었다가 편지를 받는다. 칭찬과 찬사로 가득 찬 그 편지를 그는 그저 사소하게 취급하고 잊어버린다. 그러나 그 찬사의 편지를 쓴 늙은 남자는 사실 자기가 쓴 논문을 유명한 미술잡지에 실을 수 있도록 논평을 써달라는 부탁을 하고 싶은 것이었다. 주인공은 그 사람이 쓴 논문이 너무 형편없지만, 정직하게 말해 상처를 주기 싫어 에둘러 거절하는 편지를 쓰고는 그 사소한 사건을 잊어버리지만 편지를 쓴 남자는 그때부터 본격적으로 스토커가 되어 그를 괴롭히기 시작한다. 편지를 쓴 남자는 그 한 편의 논문을 위해 몇 년의 열정을 바쳤기 때문에 적어도 그에게 논문은 결코 사소한 것이 아니었던 것이다. 남자는 거의 매일 같이 학교로 찾아와 떼를 쓰고 애원한다. 남자의 스토커짓에 질린 주인공은 그 남자를 떼어내고 피하기 위해 그때부터 온갖 핑계를 대고 거짓말을 하고 강의도 그가 찾아올까 봐 숨어서 할 지경에 이르고, 그 사건에 애인과 그 남자의 부인까지 얽혀들게 되면서 사태는 점점 더 복잡하게 증폭되고 확대된다. 결국 그 사소한 사건의 파장이 나비효과를 일으킨 결과, 남자는 대학에서 쫓겨나고, 애인도 잃어버리는 파멸로 끝나고 만다. 밀란 쿤데라는 이렇게 쓰고 있다.

> 사람은 누구나 눈가리개를 하고서 현실을 통과한다. 사람에게는 자신이 실제로 경험하고 있는 것을 단지 느끼고 상상하는 것만이 허용된다. 그 눈가리개가 풀어진 후에야 사람은 지난 과거를 보고 자신이 경험한 것과 그것이 의미했던 바를 비로소 알아차리게 된다.

우리는 수시로 우리에게 들이닥치는 무수한 상황과 사건 들 가운데 과연 어느 것이 어떤 효과를 일으킬지 모른다. 우리의 선택으로 미래에 우리 앞에 나타날 가능세계들 가운데는 행운의 나비효과도 있고, 악운의 나비효과도 있을 것이다. 위험과 기회 모두가 매 순간의 현재 상황에 들어 있다. 우리는 미래의 가능세계를 절대로 알 수 없고, 선택의 나비는 우리가 완벽하게 통제할 수 있는 나비가 결코 아니다. 선택의 나비효과 역시 다른 통제불가능한 상황과 마찬가지로 우리의 통제를 벗어나 있다.

그렇다면 이런 의문이 떠오를 것이다. 우리가 애써 힘들게 생각하고 심사숙고해서 선택할 필요조차 없는 것 아닌가? 어차피 미래는 제멋대로 흘러가고, 우리가 통제불가능한 것이라면, 합리적인 선택과 결정이라는 생각 자체가 무의미한 것 아닐까? 때문에 이 단 한 번밖에 없는 삶에서 각각의 선택과 결정에 영원회귀를 요구할 정도로 무겁고 진지하게 결정을 내린다는 것 자체도 무의미한 시도가 아닐까? 왜냐하면 현재에 내리는 선택의 의미나 가치도, 미래의 결과도 전혀 예측불가능하다면, 현재 선택에 어떤 진지한 무게를 둔다는 것 자체가 가소로운 일이 되어 버리기 때문이다.

어쩌면 그럴지도 모른다. 인간의 삶이나 선택에는 아무런 무게도, 의미도 없는지도 모른다. 그럼에도 불구하고 우리는 수시로 선택해야만 하고, 결정을 내려야만 한다. 삶은 하나의 시도, 혹은 시험에 불과한지 모른다. 우주적으로는 아무런 의미도 없을지 모르지만, 우리 각각의 삶은 자신이 부여한 목적과 의미를 따라 이루어진다. 우리는 각자가 설정한 좋은 삶에 대한 비전과 욕망을 가지고 있다. 그리고 우리는 그것을 실현하길 '원한다'. 우리는 객관적으로 의미가 있든 없든 간에, 자신 속에 들어 있는 다양한 잠재력들을 삶 속에서 그것을 실현하길 원하고 추구한다. 설사 궁극적으로는 우리가 삶을 이길 수 없다고 할지라도, 우리가 세운 비전과 목표를 향해 진지하게 노력하고 추구하는 것 자체가 하나의 거대한 의미가 아닌가.

궁극적으로 본다면, 선택의 성패는 많은 경우 운이 좌우한다. 선택의 나비효과가 우리에게 가르쳐주는 지혜가 있다면 바로 그것이다. 대개 사람들은 성공은 나의 능력과 노력 탓이요, 실패는 남이나 환경, 불운의 탓으로 돌린다. 이런 자기중심적이고 불공정한 생각에 대해 오늘날 심리학자들은 이런 성향을 무의식적인 심리적 편향이라고 부른다. 노력의 가치를 평가절하해서는 절대로 안 되지만, 그렇다고 해서 세상 일의 모든 성패가 노력만으로 결정된다고 믿는 것만큼 순진하고 어리석은 생각도 없다.

시간과 운명은 예측이 불가능하고, 인정사정없는 운명의 수레바퀴는 예고도 없이 우리를 깔아뭉갤 수도 있다. 의도와 결과가 기대처럼 잘 일치하면 좋겠지만, 삶의 인과법칙은 그렇게 쉽게 흘러가지 않는다. 사건의 원인인 나의 선택 행동과 객관적인 결과 사이에 우연의 나비들이 너무 많이 끼어들어 결과를 우리가 원하지 않는 어떤 것으로 바꾸어버리기 때문이다.

⑥

선택도 리콜이 되나요?

동네 미용실에서 머리카락을 자르고 나서 내 마음에 딱 들었던 적은 거의 없다. 그래서 이발 후에는 늘 후회를 하곤 한다. 심리학에서는 이를 '결정 후 후회Postdecision Regret'라고 부른다. 결정 후 후회는 선택 이후에 나타난 결과를 경험한 후에 하게 되는 후회의 심리다. 여성들은 인터넷 쇼핑몰에서 옷을 구매한 후에 막상 택배로 온 옷을 입어보고는 후회하는 경우가 많다고 한다. 미용실 선택이나 쇼핑 같은 상대적으로 사소한 선택 결정에서도 그렇지만 친구, 애인, 배우자, 학교나 직업, 사업 같은 굵직굵직한 선택에서도 그 결과가 우리의 예상과 다를 경우에 후회하게 되는 건 어쩔 수 없는 사람의 마음이다.

그런데 사람은 선택한 것에 대해서만 후회하는 것이 아니라, 선택하지 않은 것들에 대해서도 후회하곤 한다. 우리는 우리가 선택하지 않았던 것, 가지 않은 길에 대해서도 종종 뒤를 돌아보며 후회하곤 한다. '그때 그렇게 했어야 하는데' 하고. 후회의 심리에는 그런 것들만 있는 게 아니다. 우리는 선택하기도 전에 미리 후회를 예상하기도 한다. 이를 '예상 후회Anticipated Regret'라고 한다. 나는 동네 미용실에 갈 때마다 미리 후회를 예상하곤 한다.

최근에 다시 그 미용실을 찾았는데, 마침 그곳이 쉬는 날이었다. 기왕 나온 걸음, 다른 미용실을 찾아보리라 작정하고 동네를 돌아다녔다. 두세 군데 미용실을 지나치

긴 했지만 망설이고 주저한 끝에 땀을 뻘뻘 흘리며 돌아다니기만 했을 뿐 그냥 집에 돌아오고 말았다. 집에 돌아와서는 물론 후회했다. 그냥 아무 데나 들어갈걸. 나는 미용실을 '선택하지 않은 것'에 대해 후회했다. 그런데 왜 들어가지 못했을까? 내 예상 후회 심리가 작동했기 때문이다. 이 미용실에서 머리를 잘랐다가 더 후회하게 되면 어떡하지? 하고 미리 후회를 예상했고, 그런 예상 후회 심리 때문에 머리를 자르지 못하고 만 것이다. 예상 후회 심리는 내가 그날 머리를 자르지 못한 것처럼, 자칫 우리로 하여금 아무 선택도 못하는 선택 마비 상태에 빠뜨릴 수도 있다. 특히 예상 후회 심리는 선택지가 많을수록 더 쉽게 우리의 마음을 점령해버린다.

이런저런 이유로 결혼이 늦어진 데다, 연애도 실패하는 바람에 결국 결혼정보회사에 등록해서 배우자를 구하기로 결심한 여성이 있었다. 전문직 직업에 종사하는 그녀는 나름 자부심도 높았고, 그런 그녀에게 결혼정보회사는 여러 명의 신랑 후보감들을 소개해주었다. 선택지가 많아지자 그녀는 가급적 많은 후보들을 만나보고 신중하게 선택하리라 마음먹었다. 그런데 후보자들을 만나면 만날수록 그녀는 선택하기가 점점 더 어려워진다는 걸 깨달았다. 후보들을 만날 때마다 "혹시 이 사람을 선택했다가 후회하면 어떡하지? 아직 만나보지 못한 다른 사람들 중에 정말

내 맘에 쏙 드는 사람이 있을지도 모르잖아?" 그녀는 누군가를 만날 때마다 아직 남은 선택 대안들을 상상하곤 했기 때문에 괜찮은 후보가 나타나도 선뜻 결정할 수가 없었다. 이처럼 너무 많은 선택지는 우리로 하여금 선택의 무기력 상태에 빠뜨리기도 한다. 예상 후회 심리를 극복하기가 쉽지 않다. 또 무엇보다 선택을 어렵게 만드는 것은, 많은 선택 대안들 각각에 대한 정보를 수집하기가 쉽지 않기 때문이기도 하다. 그녀가 A, B, C, D, E 다섯 명의 남자를 몇 번씩 만나보았다 치자. 고작 몇 번의 만남만으로 그 다섯 명에 대한 정보를 다 가졌다고 할 수는 없다. 평생을 같이 살아도 알 수 없는 게 사람이고, 각 후보자들이 불리한 정보는 숨기고 있을 가능성도 크기 때문에 그녀는 불확실한 정보들만 가지고 판단하고 선택해야만 한다. 후보가 늘어날수록 비교 검토해야 할 정보량은 늘어나고, 그만큼 정보는 더 빈곤해진다. 각각의 후보자와 살아갈 미래를 예측해본다고 해도, 정보의 제한과 미래의 불확실성 때문에 선택은 여전히 곤란하고 어렵다. 그렇게 많은 후보를 만나다간 오히려 장고 끝에 악수를 두고말 수도 있다.

예상 후회는 물론 어느 정도는 필요하다. 여러 선택 대안들과 가능세계들이 있을 때, 낙관적으로 좋은 결과를 예측하는 것도 필요하지만, 더 좋은 선택을 위해서는 각 대안과 가능세계들이 감추고 있을지도 모를 최악의 결과들을 피하기 위해서라도 꼼꼼하게 최대한 정보를 수집하고 그 정보를 분석하고 상황을 예측할 필요도 있다. '어떤 대안이 가장 후회가 클 것인가?' '어떤 대안이 가장 후회가 적을 것인가?'를 스스로에게 물어야 하는 것이다.

후회의 무한루프

선택한 것에도 후회, 선택하지 않았던 것에 대해서도 후회, 심지어 아직 선택하지 않은 것들에 대해서도 상상 속에서 후회하고, 또 선택하고 결정한 후에도 끊임없이 남들과 비교하는 심리의 특성 때문에 또 후회하기도 하니, 우리의 삶은 마치 끊임없는 후회의 덫에 걸린 것처럼 보인다. 그래서 해도 후회, 안 해도 후회라는 말이 나오는지도 모른다. 해도 후회하고 안 해도 후회한다면, 우리는 과연 어느 쪽 후회가 더 클까? 심리학자들은 이런 경우에 관해서도 재미있는 실험들을 했다.

1. 최근 당신은 A라는 회사의 주식을 보유하고 있었다. 1년이 지나면서 이 주식을 팔고 B라는 회사의 주식으로 바꿔 타는 게 좋지 않을까 하는 고민을 하다가 결국 행동으로 옮기지는 않았다. 만일 B회사 주식으로 바꾸었더라면 당신은 500만 원을 더 벌 수 있었다.

(선택하지 않은 것)

2. 최근 당신은 1년 동안 B라는 회사의 주식을 갖고 있다가 이듬해 이를 팔고 A회사의 주식을 샀다. 그러나 만일 B회사 주식을 그대로 갖고 있었더라면 500만 원을 더 벌 수 있었을 것이다. (선택한 것)

롤프 도벨리는 《스마트한 선택들》이란 책에서 이 문제에 관한 설문조사를 한 결과, 2번 선택이 더 후회된다는 응답자가 92퍼센트나 된다고 밝히고 있다. 즉 사람들은 선택하지 않은 것보다 선택한 행동에 대해 더 많이 후회한다는 것이다. 두 사람 다 투자 선택에 실패했는데 왜 선택을 행동으로 옮긴 쪽이 더 후회하는 것일까? 롤프 도벨리는 그것을 후회에 대한 두려움 때문이라고 말한다.

신기한 것은 똑같이 나쁜 행동에 직면했을 때 소극적인 사람보다는 적극적인 사람이, 행동을 안 한 사람보다는 행동을 한 사람이, 다수의 선택을 따른 사람보다는 따르지 않은 사람이 더 많이 후회를 한다.(《스마트한 선택들》, 51쪽)

롤프 도벨리는 대니얼 카너먼의 《생각에 관한 생각》

이란 책에 실린 이야기를 인용하는데, 거기서도 같은 심리가 보인다. 우리가 비행기 추락사고 소식을 들을 때, 처음부터 사고 비행기를 타기로 했던 사람보다 원래 계획을 바꾸어 하필이면 그 비행기를 탔다가 사고를 당한 사람에게 더 큰 동정심을 갖는다는 것이다. 사람들은 왜 행동을 하지 않았을 때보다 행동을 취했을 때 더 후회하는 것일까?

그것이 말해 주는 것은 인간 심리의 어떤 보수적인 측면이다. 인간에게는 보편적으로 선택 행동으로 초래될 '후회에 대한 두려움'이 있다. 그것이 바로 위에서 말했던 '예상 후회' 심리의 반영이기도 하다. 사실 우리는 선택을, 특히 새로운 선택 행동을 꺼린다. 작은 선택 행동 하나도 자칫 후회하는 마음을 불러일으킬 수 있기 때문에 새로운 선택이 이득을 가져다주리라는 확실한 보장이 없는 한, 사람들은 예상 후회 심리 속에서 새로운 선택을 하기를 망설인다. 이런 후회에 대한 두려움은 사람들이 왜 익숙한 것에 그토록 쉽게 안주하는가를 잘 말해준다.

이 책을 읽는 독자들도 집에 더 이상 입지 않는 유행 지난 옷들, 두 번 다시 읽지 않을 책들, 최근에 들어와 한 번도 신지 않은 신발 같은 온갖 잡동사니를 가득 쌓아놓고 있을지 모른다. 나 역시 그렇다. 더 이상 구겨 넣을 자리도 없는 서재엔 헌책방에 팔거나 기증해버려도 될 책들이 여기저기 쌓여 있지만, 당장엔 필요 없더라도 나중에 찾다가 없어서 후회하게 될까 봐 그냥 쌓아놓고만 있는 것이다.

　사람들의 이런 보수적인 마음을 흔히 '현상유지 편향 Status quo Bias'이라고 부르기도 한다. 내가 다니던 미용실을 쉽게 바꾸지 못하는 심리가 바로 현상유지 편향이기도 하다. 미용실을 바꿀 경우, 그 결과는 좋을 수도 있지만 나쁠 수도 있다. 그 결과를 미리 예측할 수 없고, 무언가 새로운 것을 선택하는 일에는 스트레스가 따르기 때문에 인간의 '귀차니즘' 본능은 선택을 고민하는 대신 익숙한 현재 상태를 따르게끔 만들어 버린다. 나는 도서관에 갈 때도 그런 행동을 한다. 지정좌석제가 아님에도 항상 내가 앉던 그 자리를 찾는 것이다. 카페를 가거나 식당을 선택할 때도 그런 편향은 자주 나타난다. 인터넷회사나 통신사를 한번 선택하고 나면 잘 바꾸지 않는 것도 그 예다.

　요즘은 인간의 이런 심리적 편향을 이용한 기업 마케팅이 기승을 부린다. 예를 들면 카드 회사에서 전화가 와 몇 종류의 잡지 중에 하나를 선택하면 몇 개월간 무료구독을 하게 해준다고 한다. 무료라는 말에 혹해서 신청을 하지만 그 순간 덫에 걸리고 만다. 왜냐하면 무료 구독기간이 끝난 후엔 자동으로 구독료가 결제되는데 당신은 백발백중 정기구독 취소 신청 절차 그것이 귀찮아서 그냥 내버려두기 십상이니까. 이런, 생각해보니 지금 나도 그렇게 해서 잘 보지도 않는 잡지를 2년 넘게 구독하고 있다!

이렇듯 후회에 대한 두려움과 현상유지 편향은 우리로 하여금 더 나은 많은 선택 대안들을 놓치게 만든다. 변화보다는 현상유지와 안정을 택하려는 보수적인 심리는 일상의 소소한 행동에서부터 크고 중요한 문제들에 영향을 미친다. 특히 인간관계에서 후회에 대한 두려움과 현상유지 편향은 심각한 문제를 야기하기도 한다.

두 사람의 관계가 이미 파탄난 것이나 다름없는데도 억지로 그 관계를 유지하려 애쓰는 경우가 있다. 이런 경우, 새로운 선택 행동을 망설이게 되는 것은 상대에 대한 미안한 감정이나 도덕적인 의무감 때문만은 아니다. 그 속내를 들여다보면 그동안 들인 시간과 노력, 돈 같은 소위 '투자비용'이 아까워서인 경우도 많다. 함께한 시간이 오래되었을수록, 그 긴 세월 들인 시간과 노력을 무위로 돌려버리기란 정말 힘들어진다. 그럴 때 우리가 잘 쓰는 말이 있다. "그러기엔 너무 늦었어."

그런데 여기서 한 가지 간과한 문제가 아직 남아 있다. 앞의 투자 행동 실험에서는 현상을 유지한 경우보다 새로운 선택을 한 경우 더 많이 후회를 했다고 했지만, 정반대의 경우도 있다. 사람들은 단기적인 선택행동의 경우에는 하지 않은 선택보다 했던 선택행동에 대해 더 많이 후회하지만, 인생을 길게 놓고 과거를 돌아볼 때에는 하지 않았던 선택에 대해 더 크게 후회를 한다. 길로비치

T.Gilovich와 메드벡V.H.Medvec은 1995년, 사람들이 무엇을 언제 왜 후회하는지에 대한 연구결과를 발표했다. 이 연구에 따르면 사람들은 지난 6개월 동안에 가장 후회하는 것이 무엇이냐는 질문에는 대개 기대에 미치지 못했던 행동들을 지적했다. 그러나 자신의 전반적인 과거 삶을 돌아볼 때 가장 후회되는 것이 무엇이냐는 질문에는 대부분 선택하지 않은 것, 하지 않았던 행동들을 꼽았다. 심리학자 배리 슈워츠는 《선택의 심리학》이라는 책에서 이 연구결과를 인용하며 이렇게 결론내린다.

> 단기적으로 우리는 깨진 낭만적 관계를 후회하지만, 장기적으로는 놓친 낭만적 관계를 후회한다. 이와 같이 우리는 우리가 한 결정들에 대해 심리적인 문을 닫지 않은 채 열어두며, 시간이 지나면서 우리가 하지 못한 것은 점점 더 크게 부각된다.(《선택의 심리학》, 156쪽)

결국 그 연구 결과가 말해주는 사실은 후회의 심리에도 시간이 작용한다는 것이다. 지난 과거 선택행동에 대한 가치 평가는 시간의 흐름에 따라 유동적이며 '지금 현재'의 만족 상태에 따라 크게 달라질 수도 있다는 말이다. 단기적인 과거는 언젠가는 장기적인 과거가 된다. 늘 새롭게 다가오는 '현재'는 과거에 대한 새로운 해석을 가한다. 그렇다면, 과연 과거 선택 경험에 대한 객관적인 평가는 불가능하다는 말일까? 과거라고 부르는 것은 그저 현재의 관점에서 이루어지는 주관적인 해석활동의 결과일 뿐인 것일까?

만약 그때 그랬더라면

〈사랑도 리콜이 되나요?〉라는 제목의 영화가 있다.*
주인공인 롭은 걸어다니는 팝음악 백과사전으로, 음악광답게 중고 음반 가게를 하며 살아간다. 그런데 오랫동안 사귀며 동거하던 애인 로라가 이별을 선언하며 가출해버린다. 애인한테 차인 게 이번이 처음이 아니라 다섯 번째, 그래서 롭의 충격은 더 크다. "도대체 뭐가 잘못된 거지? 이게 내 탓인가? 내가 뭘 잘못한 거지?" 그러나 이미 애인은 떠나버렸고, 과거는 되돌릴 수 없다. 과거는 리콜이 되지 않는다.

물론 롭은 다섯 번째로 차이고 나서야 비로소 자신의 문제와 원인을 분석하기 시작하고, 마침내 자신의 삶과 태

---

*   이 영화가 관객들에게 사랑받은 배경에는 원제와는 무관하게 뽑아낸 저 제목의 영향도 컸던 것 같다. 영국의 소설가 닉 혼비의 《하이 피델리티High Fidelity》를 원작으로 하는 이 영화는 로맨틱 코미디를 유쾌하게 섞어놓은 음악 영화이다.

영화 《사랑도 리콜이 되나요》 한 장면

도대체 뭐가 잘못된거지?

"난 분노와 죄책감과 자기혐오로 똘똘 뭉친 응어리 없이 원만한 인간이 되고 싶다. 그들을 만나서 뭘 하고 싶은 걸까? 나도 모르겠다. 그냥 얘기. 어떻게 지내는지, 그들과 사귀면서 내가 그들에게 잘못했을 때 그들이 나를 용서했는지 묻고, 그들이 나에게 잘못했던 것에 대해서는 나는 벌써 용서했노라고 말해주고 싶다. 멋지지 않은가? 그들 모두를 차례차례 만났더니 억하심정은 하나도 없고, 그저 부드럽고 끈적거리는 감정, 딱딱한 파마산 치즈가 아닌 말랑말랑한 브리 치즈 같은 감정만 남아 있다면 말이다. 그럼 난 깨끗하고 고요한 느낌이 들 것이고, 다시 출발할 준비가 될 것이다."(닉 혼비, 《하이 피델리티》 중에서)

도를 바꾸려 노력한다. 영화의 롭처럼 우리가 할 수 있는 것도 사실 그것밖에 없다. 리콜할 수 있는 건 시간이 아니라, 자기 자신 속에 있는 어떤 것이다.

인생은 인터넷 쇼핑몰에서 산 책이나 옷을 반품 교환하고 환불받듯이 쉽사리 리콜할 수 없다. 학교나 직업, 결혼 같은 결정들은 선택을 되돌릴 수는 있지만, 대신 대가를 치러야 한다. 시간과 돈, 에너지, 감정이라는 대가를 치러야만 하는데, 그렇게 엄청난 대가를 치르고 선택을 되돌려 다른 선택을 한다 하더라도 치른 대가 이상의 보상이 돌아오리란 보장은 없다. 그래서 이러지도 저러지도 못하는 상태에서 마음만 더 괴로울 뿐이다.

후회막급이지만 되돌릴 수 없는 상황들. 그럴 땐 '인생 시계를 거꾸로 되돌릴 수만 있다면…' 하는 생각까지 하게 된다. 나 역시 그럴 때가 무척 많았다. 우리는 자주 크고 작은 실패한 선택들에 대해 '만약 그때 그랬더라면'이라는 식으로 생각한다. 만약 그때 다른 선택을 했더라면 좋았을걸…. 그런데 문제는 이런 것이다. 정말로 인생 시계를 거꾸로 돌려 그때 그 순간으로 돌아간다면 정말 다른 선택을 할 수 있을까?

스위스의 철학자이자 소설가인 파스칼 메르시어가 쓴 《리스본행 야간열차》라는 아름다운 소설이 있다. 파스칼 메르시어는 이 소설의 등장인물인 아마데우 프라두라는 인물을 통해 그런 상황을 보여준다.

프라두는 리스본의 유명한 의사이지만, 의사는 자신이 꿈꾸던 직업이 아니었다. 그는 문학에 소질이 있었고, 작가가 되고 싶었다. 그러나 판사이자 고질병에 시달리는 아버지의 소망을 거역할 수가 없었던 탓에 결국 의사의 길을 택하고 만다. 가끔 번민에 사로잡힐 때면 그는 홀로 자기가 다녔던 고등학교를 찾곤 한다. 그는 문득 어떤 한 순간을 떠올린다. 인생의 갈림길에 서 있던 한 순간. 그는 스스로에게 묻는다. 그때 과연 나는 다른 선택을 할 수 있었을까?

A와 B라는 갈림길에서 과거의 나는 A를 선택했는데, 그 '나'가 그 순간에 A가 아닌 B를 선택할 수 있었을까? 이런저런 가능성들을 생각하며 사색한 결과, 프라두는 그때 나는 A를 선택할 수밖에 없었고, A가 아닌 B를 선택하는 누군가가 있다면 그건 내가 아니라 다른 사람이라는 사실을 깨닫게 된다.

> 내가 지금 원하듯이 그때 다른 방향으로 가려고 했다면 모자를 들고 있던 소년[프라두 자신―인용자]은 나와는 아주 다른 사람이었어야만 한다. 그렇다면 그 다른 소년은 나중에 과거의 길림길로 돌아가기를 갈망하는 사람이 되어 있지 않을 것이다. 나는 그이길 원하는가? 그가

되어 만족스럽게 사는 모습을 상상할 수는 있다. 그러나 이 만족감은 그가 아닌 나에게만 해당된다. 그의 소망이 아닌, 내 소망으로 이루어진 만족감. 내가 정말 그였다면 그가 되고 싶은 갈망이 이루어졌다고 이렇듯 만족하는 나도 없었을 테니까.[…] 이것보다 더 정신 나간 일이 또 있을까? 존재하지 않는 대상의 갈망에 따라 움직이는 것….(《리스본행 야간열차 1》, 93~94쪽)

대학교 2학년 때, 나는 전공을 철학으로 바꾸고 싶었다. 대학에 들어와서야 철학이 내 적성에 맞고 그것을 본격적으로 공부하고 싶다는 갈망이 들었던 것이다. 고등학교 때에 그런 선택은 상상조차 할 수 없었다. 한동안 꽤 진지하게 고민을 하다가, 상황이 여의치 않아 결국 포기하고 말았지만 세월이 흐른 후에 가끔 그 순간을 돌아보며 그때의 선택을 후회하곤 했다. 그때 전과했더라면 더 좋았을 걸, 하고. 내 잘못된 판단으로 여자친구와 헤어진 사건들에 대해서도 마찬가지였다.

그러나 《리스본행 야간열차》의 주인공 프라두에 따르면, 그런 짓은 좀 정신 나간 일이다. 왜냐하면 그때 다른 선택을 할 수 있었으려면 우리는 '내가 아닌 다른 사람'이었어야 하기 때문이다. 우리는 다른 사람이 아닌 바로 나였기에 그런 선택을 했던 것이다. 상황의 압력 때문이건,

아니면 당시의 지식과 경험, 성격의 한계 때문이건 간에, 그때 우리는 그런 선택을 할 수밖에 없었다. 그게 바로 우리들이었다. 아무리 시계를 거꾸로 되돌린다 하더라도 우리가 그때 다른 사람이 아니었던 한, 우리는 결국 똑같은 선택을 할 수밖에 없을 것이다. 그런 결론을 얻고 난 후부터 나는 시간을 거꾸로 되돌리고 싶다는 어리석은 생각을 더 이상 하지 않게 되었다. 설사 지나간 선택의 결과로 아무리 큰 괴로움을 겪고 후회의 감정이 나를 사로잡을지라도. 왜냐하면 프라두의 말대로, 그때 내가 아닌 다른 사람이었던 사람의 욕망을 욕망할 순 없으니까. 슬프게도, 내가 나인 한 다른 선택을 할 순 없었을 테니까.

해석은 변하고 삶은 계속된다

"끝이 좋으면 다 좋다"는 말이 있다. 우리의 삶에 관한 한, 이 말은 대부분 맞다. 셰익스피어는 《끝이 좋으면 다 좋아All's Well That Ends Well》라는 작품에서 이 진리를 코믹하게 재확인해준다. 줄거리나 구성이 좀 작위적이라 일반적으로 예술성은 좀 떨어진다고 평가받곤 하지만, 그래도 재미는 있다. 줄거리를 한마디로 요약하면 '헬레나 결혼 작전 성공기'다.

의사의 딸이었던 헬레나는 아버지가 일찍 죽는 바람

에 로살리온 백작 가문에 양녀로 입양된다. 헬레나의 아버지가 로살리온 백작의 부인의 병을 고쳐준 인연 덕이었다. 이 로살리온 백작에게는 버트램이라는 젊은 아들이 있다. 호두머리라는 별명을 가질 정도로, 충동적이고 별 생각 없는 청년. 그런데 헬레나는 이 버트램을 사랑하게 되고 그와 결혼하고 싶어한다. 버트램은 신분 차이도 차이지만 우선 헬레나가 마음에 들지 않는다. 그렇다고 포기할 헬레나가 아니다. 전쟁터에까지 버트램을 쫓아가고, 버트램이 다른 여자와 자려는 걸 알고 작전을 써서 자신이 대신 잠자리에 들기도 하는 등 총명과 인내심을 발휘하여 마침내는 자기를 거들떠도 보지 않던 버트램의 마음을 돌리고 결혼에 성공한다. 희곡의 마지막에 선택의 목표를 이룬 헬레나가 하는 대사, "끝이 좋으면 다 좋아!"

그렇다. 해피엔딩이다. 버트램을 자기 신랑감으로 콕 찍은 이래, 온갖 수모와 설움, 자괴감에도 불구하고 끈기 있게 목표를 추구한 끝에 목표를 이룬 것이다. "끝이 좋으면 다 좋아!"라고 외치던 그 순간에, 헬레나는 그간의 고생이 한꺼번에 다 보상받는 기분이었을 것이다. 그간 겪었던 치사하고 더러운 기분들조차 결과가 좋으면 달콤한 기억으로 채색된다. 다시 말해 과거의 선택 경험들은 결과에 따라 다시 핑크빛으로 채색되기도 하고, 암울한 먹빛으로 채색되기도 한다. 사건 자체는 동일한데, 그 사건을 전혀 다르게 해석하는 것이다.

　이야기를 더 진행시켜서, 헬레나가 결혼한 후에 행복은커녕 그 '호두머리' 남편 버트램 때문에 생각하기도 싫은 온갖 고통과 불행을 연달아 겪으며 고독 속에 칩거하게 되고 그래서 마침내 시름시름 병들어 누워 있게 된다면, 그때 헬레나는 무슨 생각을 할까? "그땐 내가 너무 어렸어. 남자라곤 그 인간밖에 몰랐던 탓이야. 그때 그 순간으로 돌아간다면 나는 절대 멍청한 버트램 같은 남자와 결혼하지 않을 텐데!" 눈물을 뚝뚝 흘리며 후회하지 않을까? 그러니 이 두 번째 끝에서 결혼할 순간의 첫 번째 끝을 돌아보면, 그 순간이 핑크빛이 아닌 암흑 같은 순간으로 기억되지 않을까? 자신의 과거 전체를 송두리째 부정하며 자신의 삶은 실패한 삶이라며 슬픔에 잠기지 않을까?

　실제 우리 현실에서도 이런 유사한 경우들을 많이 본다. 연애시절에는 죽고 못 살던 커플이 결혼 후에는 몇 년 같이 살지도 못하고는 이번엔 죽기 살기로 싸우고 서로를 증오한다. 그렇다면, 늙어서 죽는 그 최후의 순간에 가서야 인생의 행불행에 대한 최종적인 평가를 내릴 수 있다는 말일까? 앞서 오이디푸스 왕 이야기를 했지만, 그 고대 희곡의 마지막 문장은 이렇게 끝난다.

　우리의 날이 마지막 날을 보고자 기다리고 있는 동안에

는 죽어야 하는 인간이라면 그 누구도 감히 행복하다고 말하지 말라. 그가 파멸의 고통을 맛보지 않고 삶과 죽음의 갈림길을 영원히 넘어설 때까지는.

어쩌면 소포클레스의 말이 맞을지도 모른다. 인생의 진짜 끝은 죽음이며, 그 순간이 오기까지 살면서 우리가 앞으로 어떤 일을 더 겪게 될지는 모를 일이다. 소포클레스는 《오이디푸스 왕》을 통해 위험천만하고 불확실한 삶을 살아가는 인간에게 오만하지 말 것을 요구한다. 삶은 너무나 유동적이고, 미래는 예측 불가능하며, 인간의 지혜와 판단력은 제한되어 있음을 직시하라고 요구하는 것이다. 과거에 대한 평가는 '지금' 현재에 달려 있고, 현재에 대한 평가는 현재가 먼 과거가 되고 난 후인 '미래'의 손에 달려 있다. 진짜 끝이 오기 전까지는, 우리가 내리는 그 어떤 선택이나 경험도 그 순간에는 결코 진정한 의미를 알 수 없다.

모든 현재는 끊임없이 과거로 떠밀려 간다. 그러므로 현재와 미래는 잠재적인 과거라고 할 수도 있다. 그런데 과거가 된 우리의 모든 선택과 경험은 왜 현재나 미래에 다르게 가치 평가되는 것일까? 그것은 바로 '기억'이라는 체를 통해 과거가 걸러지기 때문이다.

앞에서도 언급했던 심리학자 대니얼 카너먼은 인간

의 행복 심리를 연구하면서 경험자아와 기억자아라는 구분을 발견해 냈다. 대장 내시경의 일종인 결장경 검사를 받는 환자 154명을 대상으로, 검사하는 동안 1분마다 고통의 정도를 조사했다. 검사가 끝난 뒤에는 검사를 받은 사람들에게 그 검사에 대한 생각을 물었다. 너무 힘들어 다시는 하기 싫다는 이들도 있었고, 반대로 그리 나쁘진 않았다는 사람들도 있었다. 똑같은 검사를 받았는데 이런 차이가 나는 이유는 무엇일까? 순수한 개인차 때문은 결코 아니었다. 답은 마지막 3분 동안 가해진 고통의 강도였다. 마지막 3분 동안 고통을 덜 느끼게 조치를 취한 환자들이 그렇지 않았던 환자들보다 전체 검사에 대한 평가가 더 긍정적이었던 것이다. 카너먼은 냉수에 손 담그기 실험도 해보았는데 결과는 마찬가지였다. 차디찬 냉수에 60초 동안 쭉 손을 담갔던 사람들과, 60초 동안 냉수에 손을 담갔다가 다음 30초 동안은 그보다 덜 차가운 물에 손을 담갔던 사람들 가운데 후자가 훨씬 덜 고통스러워했던 것이다. 즉 '끝이 좋으면 다 좋다'는 것이 실험으로 증명된 것이다. 카너먼의 실험이 보여준 것은 인간의 경험은 끊임없이 기억의 재해석을 통해 재평가된다는 것이다. 어떤 경험에 관련된 기억은 절정에 달했을 때의 감정과 마지막 순간에 느끼는 감정의 평균으로 결정된다는 것인데, 이런 심리 현상을 '피크엔드 법칙PeakEnd Rule'이라고 부르기도 한다. 거기서 나온 것이 바로 경험자아와 기억자아의 구별이다.

우리는 매 순간 어떤 선택행동을 통해 삶을 경험하지만, 그 경험은 동시에 매 순간 기억에 저장된다. 그리고 기억자아는 후속하는 경험에 따라 과거 경험을 끊임없이 재해석하고 가치평가한다. 기억자아는 소설가다. 기억하는 자아는 인간의 근본적 정체성인 기억을 통해 우리의 삶을 지배한다. 즉 기억은 과거 경험에 대한 재해석을 통해 경험에 대한 기억과 가치, 의미를 '왜곡'해버리는 것이다. 카너먼은 이런 기억자아의 속성 때문에 기억의 독재체제라 부르기도 했다.

그렇다면 이런 질문을 던질 수 있다. 지난 과거의 삶을 평가할 때 그 평가의 주체가 기억이라면, 우리가 매 순간 겪는 경험들은 고작 기억이 이야기를 지어내기 위한 참고자료밖에 되지 않는단 말인가? 마르셀 프루스트는 《잃어버린 시간을 찾아서》라는 소설에서 내면의 기억을 탐구하면서 그런 극단적인 생각을 내비치기도 했다. 그는 그 소설에서 "기억이 천상의 구원처럼 내게 내려와, 혼자서는 빠져나올 수 없는 허무로부터 나를 건져준다"고 쓰고 있다. 프루스트의 관점에서는 파편적인 경험들의 총체일 뿐인 삶은 회상과 기억을 통해서만 영원한 망각과 소멸로부터 의미로 가득 찬 어떤 것으로써 구제된다. 다시 말해 기억만이 무의미와 망각의 치유제이자 구원자이다.

그러나 지금 현재 이런저런 선택의 갈림길에서 하는 모든 고뇌와 불안, 두려움조차 궁극적으로 미래의 어느 순간에 우리의 기억하는 자아가 행복한 순간으로 추억하기 위한 것이라면, 우리의 삶은 자칫 기억의 도구로 전락하고 말 것이다. 더구나 위에서 말한 것처럼 기억이 과거 경험에 대해 행하는 부당한 왜곡을 생각할 때, 기억에 절대적인 특권을 부여하는 것은 기억에 과도한 부담을 지우는 일일 수도 있다. 카너먼은 우리가 행복하고 좋은 삶을 살기 위해서는 이런 기억의 독재에 반대하여 지금 현재의 경험 자체를 소중히 다루어야 한다고 주장한다. 지금 내가 원하는 어떤 것을 선택해서 한 경험이 좋고 행복한 것이라면, 그 자체를 온전히 누리라는 것이다. 물론 나중에 우연과 시간의 개입으로 다른 결과가 빚어져서 후회하게 될지라도, 행복했던 경험 자체를 기억으로 왜곡하지 말고 행복했던 경험은 경험대로 인정하라는 것이다. 그리고 행복을 늘리기 위해서는 매 순간의 즐거운 경험치를 최대화하라고 조언한다. 우리 삶의 진실은 사실 기억에 있는 것이 아니라, 매 순간 우리가 직면하는 현실 속의 경험에 있다. 왜냐하면 과거는 기억이 윤색해버린 것, 아직 경험하지 못한 미래는 우리의 상상으로 채색된 것에 불과하기 때문이다. 과거나 미래는 우리가 꾸며내거나 기억으로 윤색한 허구의 이야기에 속하는 것이고, 지금 현재 우리가 지각하고 느끼는 현실 경험만이 삶의 진실일 수도 있다.

 선택 문제와 관련해서도 마찬가지다. 우리는 과거의 경험을 바탕으로 현재를 분석하고 미래를 조망한다. 과거는 기억이고 미래는 상상이다. 기억과 상상 사이에서 우리는 선택을 내린다. 과거에 대한 평가가 기억의 조작으로 끊임없이 왜곡되기 때문에 그러한 기억의 왜곡이 우리의 현재 선택에도 영향을 미친다. 예를 들면, 위에서 말한 죽기 살기로 사랑했다 결혼한 후인 지금 너 죽고 나 죽자는 식으로 싸운다고 할 때, 비록 현재는 나쁘지만 과거는 충분히 아름다웠다는 사실을 서로가 인정할 때, 미래에 대한 다른 선택 대안들이 나올 수도 있을 것이다. 그러므로 현재의 더 나은 선택을 위해서도 기억과 경험 사이의 간극을 명확하게 인식하는 것은 결코 사소한 일이 아니다. 지난 선택을 후회할 때조차도, 우리는 이 간극을 의식할 때 덜 후회스러워질 것이다.

나가며 우리에게 달려 있는 것, 달려 있지 않은 것

오늘날 삶을 만들어 가는 데 있어 개개인들의 선택의 몫보다 개인 바깥의 영역, 즉 객관적인 선택 환경의 힘이 과거에 비해 훨씬 더 커지고 있다. 다시 말해 개인의 선택 능력을 벗어난, 거의 통제하기 어려운 힘들의 무게와 비중이 더 커지고 있다는 말이다.

지금 우리가 살고 있는 시대처럼 복잡하고 변화가 극심하며, 또 이토록 미래 불확실성이 큰 사회가 또 있었을까? 오늘날처럼 전지구적인 규모의 힘들이 개개인들의 삶에 직접적인 영향을 미치는, 통제불가능성이 극도로 높은 시대가? 요즘 세상의 변화 속도를 보고 있노라면 현기증이 난다. 조금 과장해서 말한다면, 마치 세상이 미쳐 돌아가고 있다는 생각이 들 정도다. 평균 수명이 30세도 되지 않고, 고민거리도 기껏 오늘은 사냥을 갈까, 아니면 채집을 할까, 우리 무리 중 누구를 배우자로 삼을까 하는 정도밖에 없었던, 단순하고 소박한 삶을 살았던 원시 시대 인류와 고도 문명사회인 현대의 선택 문제를 한번 비교해 보라. 또는 고정된 신분제도와 정적이다 싶을 정도로 변화

속도가 느린 사회에서 운명처럼 주어진 천직에만 평생 종사하면 되었던 시대와 현대 사회를 한번 비교해보라. 또는 고작 수십 년 전, 한창 고도성장을 이어가던 시대에 취직만 하면 평생직장이 되고, 그걸로 웬만한 집도 장만하고 노후도 대비할 수 있었던 시대와 오늘날을 한번 비교해보라. 우리가 살고 있는 선택 환경의 차이가 거대하지 않은가?

지금 우리가 살고 있는 지구촌 시대, 정치·경제·사회, 나아가 개인의 일상적인 삶 전체가 지구적인 규모의 사건들에 직접 영향을 받는 시대이다. 코로나 팬데믹이 장기화되면서 전 세계 사람들의 일상이 마비된 지 오래다. 지난 2008년에는 미국에서 터진 금융대란으로 한국의 주가가 폭락하고, 많은 기업들이 구조조정에 내몰렸으며, 부동산 가격까지 폭락하여 많은 시민들이 고통을 겪어야만 했다. 2001년 미국 9·11 사태 때도 마찬가지였고 더 거슬러 올라가 1997년 갑작스레 터졌던 IMF 사태 때에도 그랬다. 이제 세계는 각 기업이나 개인이 결코 통제할 수도 없고, 예측도 불가능한 사태들이 빈번히 일어나고, 그런 사태들이 우리의 직업과 직장, 일상 생활에 직접적인 영향을 미치고 있다.

더구나 평균수명 연장으로 '100세 시대'라 불리는 이때, 직업 선택, 결혼과 출산, 양육과 교육, 노후 준비, 재무

설계, 자기계발과 취미 생활, 이 모든 것에 관해 보다 합리적이고 계획적인 선택과 준비가 필요하다. 사회가 복잡해지고 변동이 심할수록 개인뿐 아니라 기업이나 심지어 정부조차도 '선택 스트레스'에 시달리고 있다. 복잡성과 불확실성, 통제불가능성의 증대에 어떻게 위험을 관리하고 효과적으로 전략을 선택할 것인가는 사활이 걸린 문제이기 때문에 의사결정 과정 자체가 심각한 스트레스가 되는 것이다. 각 개인도 자신의 삶을 책임지고 경영하는 개인-경영자라고 비유할 수도 있는데, 개인이라고 해서 선택 스트레스에 예외가 될 수 없다.

개인의 차원에서 본다면, 지구촌 시대는 어떤 면에서 선택의 기회를 넓히는 측면도 있는 것이 사실이다. 이제 누구나 어느 일국의 국민일 뿐 아니라 전 세계로 삶의 반경을 넓히는 코스모폴리탄적 시민이기도 하다. 선택의 기회가 늘어나는 것은 긍정적이기도 하지만, 또한 다른 측면에서는 비교 선택 심리를 작동시켜 상대적 박탈감과 무기력감을 증폭시키기도 하는데, 이때 사회의 양극화는 그런 상대적 박탈감을 더 부추긴다. 1인당 국민 소득이 2만 달러를 넘었다고는 하지만, 최근 세계적인 조사가 발표될 때마다 한국 사회가 전 세계에서 행복도가 가장 낮은 나라로 조사되는 이유 중의 하나도 그런 비교 심리에 따른 상대적 박탈감 때문이기도 하다. 광고나 미디어들은 그런 상대적 박탈감을 부추기고 증폭시키는 데 크게 한몫하고 있다. 사실 더 심각한 문제는 상대적 박탈감보다는 개인의 좋은 삶을 위한 선택을 제한하는 사회구조적인 문제들이다.

사회구조적인 문제를 한 쪽으로 치워놓고서, 삶이 힘들고 괴로운 사람들에게 '행복은 마음먹기에 달렸다'거나 달콤한 위로만을 늘어놓으며 힐링을 말하는 것은 굶어 죽기 직전인 사람에게 밥을 주는 대신 수면제를 먹이는 것과 다름없다. 시대를 막론하고 모든 청춘들은 경험과 지혜의 부족으로 방황하게 마련이지만, 과거의 방황과 오늘날의 방황이 사회학적 관점에서 어떻게 다른지를 설명해주지 않는 한, "아프니까 청춘"이라는 말은 그저 공허한 말장난에 불과하다.

사태를 대하는 우리의 자세

우리는 순수하게 합리적인 존재가 아니라, 비합리적인 충동과 편향에 더 크게 지배당하는 제한적 합리성밖에 갖지 못한 존재이며, 제한된 정보와 지식, 시간 속에서 불확실하고 예측하기 어려운 미래를 내다보며 선택을 한다. 또 이러한 자유로운 선택이 언제나 좋은 결과만 낳는 것은 결코 아니다.

근본적인 선택상황의 제약 속에서 우리가 할 수 있는

최선의 선택 기술은 선택상황에 처한 나와 환경, 대안들에 대해 명료한 인식을 바탕으로 가장 후회하지 않을 선택 혹은 나의 주체적인 선택의 결과로서 온전히 긍정할 수 있는 선택을 취하는 것뿐이다. 그리고 또 중요한 것으로, 실패한 선택들을 그저 후회만 하고 지나가버리는 것이 아니라, 그러한 실패의 경험을 반면교사로 삼아 더 나은 선택자가 되기 위한 고민을 계속하는 것이다. 실패의 경험이야말로 더 나은 선택을 위한 가장 좋은 멘토가 될 수도 있다. 경험으로 검증되지 않는 지식은 맹목이며, 지식을 활용하지 않는 단순한 경험의 축적은 무의미할 뿐이다. 어떤 경험과 지식으로도 결국 인정하지 않을 수 없는 명백한 사실 한 가지는 우리 인간이 가진 지식과 선택 능력에는 근본적으로 한계가 있다는 사실이다. 인생이 온통 우리의 자유롭고 능동적인 선택의 집합으로만 이루어지는 것은 아니다. 인생의 모든 상황들이 우리의 선택과 직접적으로 관련된 상황인 것은 아니다. 그렇게 생각한다면 그건 인생을 얕봐도 너무 얕보는 것이다.

 탄생에서 늙음과 죽음에 이르는 전과정을 놓고 볼 때, 그 과정에는 우리의 선택과 통제를 벗어나버리는, 한 마디로 속수무책으로 당하고 마는 사건들도 비일비재하다. 한계상황도 우리를 궁지에 몰아넣는다는 면에서는 비슷하지만, 그럼에도 한계상황에선 어떤 선택의 여지라도 남아 있다. 하지만 통제 불가능한 상황, 길을 가다 날벼락을 맞듯 거의 수동적으로 당할 수밖에 없는 '사태'들도 있다. 암을 선택하지 않았는데도 암에 걸려 죽고, 어처구니없는 교통사고나 자연재해를 만나기도 한다. 멀쩡하게 잘 나가던 회사가 갑자기 파산하여 졸지에 실업자로 내몰릴 수도 있고 길거리를 지나다 눈만 마주쳤는데도 득달같이 달려들어 시비가 붙는 경우도 있다. 지난 2008년 세계를 휩쓴 미국발 금융위기로도 얼마나 많은 직장인들과 사업가들이 하루아침에 몰락했던가? 그런 불행한 사태들은 대개 아무런 예고도 경고도 없이 순식간에 들이닥쳐 우리의 모든 것을 앗아가버린다. 당하는 개인들에겐 사실상 선택의 여지가 전혀 없다.

그런 종류의 사태들은 우리의 선택과는 사실상 거의 무관한 재난들인 것이다. 문제는 그런 재난들은 마치 숨은 복병처럼 우리 생의 어딘가에 숨어서 호시탐탐 우리를 노리는데, 그런 재난들이 진정 무서운 까닭은 우리가 결코 그걸 눈치챌 수 없다는 사실 때문이다. 그래서 고대 로마의 스토아철학자들은 삶에서 통제가능한 것들과 통제불가능한 것들을 명확하게 구분하고, 통제가능한 것들만 신경 쓰자고 주장했다. 그것을 주장한 대표적인 철학자는 로마시대의 철학자 에픽테토스다.

우리에게 달려 있는 것들은 믿음, 충동(선택), 욕구, 혐오, 한마디로 말해서 우리 자신이 행하는 그러한 모든 일이다. 반면에 우리에게 달려 있지 않은 것들은 육체, 소유물, 평판, 지위, 한마디로 말해서 우리 자신이 행하지 않은 그러한 모든 것들이다.(에픽테토스, 《엥케이리디온》, 13쪽)

에픽테토스를 비롯한 로마의 스토아철학자들에 따르면 우리가 통제할 수 있는 것은 오직 우리의 영혼, 즉 '내면의 자유'밖에 없다. 내면의 자유란 곧 우리의 '생각과 믿음'을 말한다. 그것을 제외한 나머지 것들, 즉 우리의 신체, 재산, 권력, 명예, 직업, 명성, 인기, 부모나 친구, 동료, 날씨, 시간, 죽음, 이 모든 것들은 죄다 통제불가능한 것으로 보고 괄호 속에 집어넣었다. 괄호 속에 든 것들에 대해서는 일체 과욕을 부리거나 집착하는 마음을 버려야만 한다. 쉽게 말하면 그런 것들은 궁극적으로 '운수 소관'이라는 것이다. 로또에 당첨되는 것이 실력이 아니고 운인 것과 마찬가지다. 그러니 내 영혼의 자유를 제외한 다른 모든 것에 관해서는 집착하는 마음을 버릴 것! 위에 인용한 문장을 쓴 노예 출신 철학자 에픽테토스의 삶이 꼭 그랬다. 서기 55년 지금의 터키 땅인 히에라폴리스라는 마을에서 노예로 태어난 그는 노예였다. 게다가 그의 못된 첫 번째 주인이 그를 고문하고 때리는 바람에 평생 다리 불구로 사는 신세가 되었다. 그는 다리를 절었고, 가난했고, 가족도 자유도 없이 살았다. 그런 상태에서도 에픽테토스는 영혼을 경작하는 철학에 관심을 가졌고, 열심히 철학을 공부했다. 이번엔 행운이 따랐다. 그의 두 번째 주인은 그런 그를 가상하게 여겨 유명한 스토아철학자 무소니우스 루푸스에게서 철학을 배우는 걸 허락했다. 나아가 그를 노예신분에서 해방시켜주기까지 했다. 노예에서 해방된 에픽테토스는 자유로운 철학자의 길로 들어섰고, 나중에 그의 철학은 로마 황제 마르쿠스 아우렐리우스에게까지 영향을 미치게 되었다.

    삶을 통제가능한 것과 통제불가능한 것으로 구분하자는 것도 바로 에픽테토스의 생각이다. 그는 전자를 제1영역으로, 후자를 제2영역으로 구분했다. 내면의 자유, 곧 생각과 믿음 혹은 신념과 태도를 제외한 나머지 제2영역에 관해서는 운명에 맡기고, '초연'하게 살아가고자 했다. 초연하게 살기, 스토아철학자들이 이상으로 삼은 아파테이아의 경지다. 아파테이아Apatheia는 정확하게 번역하면 '감정의 움직임이 없음', 즉 세상만사에 냉철하게 거리를 두고 초연해진다는 뜻이다. 잔바람에도 이리저리 흔들리는 촛불처럼 우리를 뒤흔드는 욕망과 감정의 소용돌이에 휘둘리지 않는 삶을 추구하자는 것이다.

물론 과학이 발달한 현대에 몸은 어느 정도 통제와 관리가 가능한 영역이긴 하다. 열심히 운동을 하면서 술이나 담배를 절제하면 술 담배에 쩔어 사는 사람보다 훨씬 더 건강하고 오래 살 확률이 높아질 것이다. 그리고 사회의 개선 문제도 오늘날 우리는 에픽테토스가 살았던 시대처럼 완전히 통제불가능한 영역이라고 생각하지는 않는다. 오늘날 우리는 우리가 살고 있는 사회형태가 그것이 어떤 것이든 개인적이고 집단적인 사회적 삶이 빚어내는 인공적이고 역사적인 실천의 산물임을 잘 알고 있다.

그런 의미에서, 자신의 생각과 신념 같은 내면의 자유를 제외한 나머지 영역에 대해선 초연한 마음으로 살라는 스토아철학의 지혜는 어떻게 보면 체념적이고 수동적으로 보이기도 할 것이다. 왠지 산전수전 다 겪은 노인의 철학 같기도 하다. 그러나 불교 철학에서도 말하듯, 삶의 모든 번뇌가 탐욕이나 집착에서 비롯된다고 하지 않던가? 에픽테토스의 요구대로 사는 것은 개인적인 윤리의 차원에서 지나친 탐욕을 줄이라는 명령이며, 물질적이고 세속적인 추구보다는 정신적인 삶이 주는 행복에 더 큰 의미를 두라는 요구이다. 에픽테토스는 "마치 발이 신발의 척도인 것과 마찬가지로 각자에게 소유의 척도는 그의 신체이다. 그러므로 꼭 필요한 만큼만 소유하라"는 말을 남겼다. 외적인 사물들 전부를 깡그리 무시하고 거지처럼 살라는 말은 결코 아니다. 원하는 것을 위해 열심히 노력하되, 시간과 우연, 운이 그런 것들을 한순간에 앗아갈 수도 있으니 집착하거나 탐욕을 부리지 말고 꼭 필요한 만큼만 소유하라는 말일 따름이다. 인간에게 가장 가치 있는 소중한 재산은 다름 아닌 내면의 자유라는 사실을 강조한 것일 뿐이다. 그리고 내면이 충만하면, 굳이 타인과 소유물을 비교하지 않고도 충분히 행복할 수 있다.

우리의 통제를 넘어서는 무수한 상황이나 도전들이 있음을 명료하게 인식하는 것도 삶의 한 지혜다. 그저 '불운'이 따랐을 경우에 그 때문에 불필요하게 속 끓이면서 슬픔과 고통이 자신을 집어삼키게 내버려두는 것은 우울증으로 직행하는 길이기도 하다. 과거에 사로잡혀 미래를 포기하는 것만큼 어리석은 것도 없다. 망각할 수 있고 잘 포기하는 것도 좋은 삶에 절대적으로 필요한 한 능력이다.

괴테는 《파우스트》에서 다음과 같은 유명한 말을 남겼다. "인간은 노력하는 한 방황하는 법이다." 우리는 삶에서 우리의 이상과 꿈을 위해 선택하고 노력을 아끼지 않지만, 지식과 정보, 지혜가 제한되어 있는 우리의 지성과 불확실하고 예측하기 어려운 미래 사이에서 우리는 끊임없이 방황한다. 궁극적으로, 우리는 각자의 삶이 자기 자신을 위해서 무엇을 예비해두었는지 결코 알 수 없다. 선택은 여전히 우리의 몫으로 남아 있지만, 그 선택들이 빚어내는 총 결과는 운명의 몫으로 남아 있는지도 모른다. 그럼에도 우리가 열심히 사유하고 열정과 헌신을 다해 노력하는 한, 우리는 그런 노력하는 방황을 통해 삶이 무엇인지, 나는 누구인지에 대한 인식은 얻게 되는 것이다.

인명과 개념 설명

소포클레스Sophocles (기원전 496~기원전 406)

아이스킬로스, 에우리피데스와 함께 고대 그리스의 3대 비극시인이다. 그는 123편의 작품을 썼다고 하는데, 비극 경연대회에서 18회나 우승했다고 알려져 있다. 대표작은 《오이디푸스 왕》, 《안티고네》, 《아이아스》 등이 있고, 배우 수를 세 명으로 늘리고 무대의 배경화를 도입하는 등 비극의 개혁을 위해서도 많은 노력을 기울였다. 신들의 위대함을 보여주었던 아이스킬로스와 달리 소포클레스는 매우 경건했지만, 그에게 신이란 존재는 수수께끼 같은 심연과 다르지 않았다. 그런 관점에서 그는 신보다는 인간의 한계와 비극성을 드러내는 데에 더 큰 관심을 보였다. 기원전 420년 전후에 쓰어진 《오이디푸스 왕》은 그의 원숙기에 창작된 작품으로, 아리스토텔레스가 비극에 관해 논한 《시학》에서 이 작품을 비극의 전범으로 삼을 만큼, 고대 그리스 비극작품의 가장 완성도 높은 예술적 경지를 보여준다.

《오이디푸스 왕》은 테베의 전설에서 소재를 취했다고 알려져 있다. 소포클레스는 이 작품을 통해 자신의 운명과 자발적이고 적극적으로 대결하는 인간 자신이 전면적으로 부각된다. 오이디푸스 왕의 드라마는 인간은 결국 고통을 통하여 지혜에 이른다고 보는 소포클레스의 사상을 극적으로 드러내고 있다. 비록 오이디푸스가 신들이 미리 정해 놓은 운명을 따라가기는 하지만, 그럼에도 불구하고 오이디푸스는 조금도 동요함이 없이 적극적이고 능동적으로 운명과 끝까지 대결하고 또 그것을 받아들임으로써 운명을 극복한다. 바로 여기에 인간성의 위대함이 놓여 있다고 보는 것이다. 《오이디푸스 왕》의 드라마는 불가해한 운명, 신과 인간의 관계, 운명애, 인간의 정체성, 고통과 앎의 문제 등 인간을 사로잡는 가장 심오한 주제를 다루고 있다는 점에서 여전히 현재적인 가치를 지니고 있으며, 또한 그 작품의 예술적 완성도는 불멸의 미적 가치를 지닌 것으로 사람들의 마음 깊은 곳을 흔들어놓는 힘이 있다.

에픽테토스Epictetus (50~135 추정)

스토아철학 학파의 후기에 속하는 노예 출신의 로마 철학자이다. 스토아학파는 대개 초기, 중기, 후기로 나누어지는데, 초기에는 키티온 출신의 제논, 클레안테스, 크리시포스로 계보가 이어진다. 이들의 뒤를 이어 중기에 접어들어 타르소스의 제논, 바빌로니아의 디오게네스, 파나이티오스, 포세이도니오스 등이 활약했다. 후기에 접어들어서는 정치인이자 시인인 세네카, 에픽테토스, 로마의 황제였던 마르쿠스 아우렐리우스 등으로 이어진다. 초기와 중기 스토아철학과는 달리 후기 스토아철학에서는 윤리학에 더 많은 관심을 기울인다. 거대한 세계 제국이 된 로마, 혼돈스럽고 불확실한 정치·사회적 전망 속에서 개인들이 어떻게 살아야 하는지에 대한 관심이 철학적 화두가 된 것이다.

스토아철학은 이성 중심의 철학이다. 세계는 이성적이고 불변하는 법칙에 따라 질서를 이루고 있다고 보며, 그 세계의 일부인 인간도 이성적인 질서에 따라 살아가는 것이 좋은 삶이라고 보는 것이다. 그들의 모토는 '자연을 따라 사는 것'이다. 자연을 따라 사는 것이 곧 이성의 법칙에 따라 사는 것이다. 인간의 덕, 선, 행복, 자연을 따르는 삶은 이성과 동일하다.

이성에 반하는 삶이 곧 충동과 감정에 따라 변덕스럽게 사는 삶이다. 스토아철학에서는 윤리적 삶의 목표로 아파테이아를 강조하는데, 그 단어는 말 그대로 정념이나 감정, 즉 파토스Pathos로부터 벗어나는 상태인 것이다. 정념의 동요에서 벗어난 평정한 영혼의 상태, 그것이 바로 아파테이아Apatheia이다. 에픽테토스 역시 아파테이아를 추구하는데 자신이 직접 저술한 책은 없지만, 그의 제자 아리아노스가 필사筆寫한 《담화록》과 도덕적 규칙 그리고 철학적 원리를 모은 요약본의 성격을 지니는 선집 내지는 편람인 《엥케이리디온》이 오늘날까지 전해진다.

에픽테토스의 윤리적 논의의 핵심은 자유이며 그것을 '주인과 노예'라는 대비를 통해 보여준다. 그가 말하는 주인됨의 자유란 이성을 통해 지배되는 정신적이고 내면적인 자유를 의미한다. 반면에 노예란 자기 자신이 스스로에게 부여해서 만들어진 '정신적 부자유'이다. 정념에 휘둘리는 영혼의 상태가 바로 노예적인 삶의 상태인 것이다. 그래서 로마의 자유인 신분이라도 노예일 수 있으며, 노예 신분이라도 자유인일 수 있다는 것이 그의 사고다. 에픽테토스의 사상은 로마 황제 마르쿠스 아우렐리우스에게도 깊은 영향을 주었다. 그의 철학이 생생하게 담겨 있는 《담화록》의 가르침이 《명상록》에 그대로 영향을 미치고 있는 것이다.

휴리스틱과 직관적 판단의 한계

심리학이나 행동 경제학에서 말하는 휴리스틱heuristic은 흔히 '발견법'이라고 번역되지만 더 쉽게 풀이한다면 '주먹구구 셈법' 혹은 '어림짐작 판단'이라고 할 수 있다. 원래는 '찾아내다' '발견하다'는 뜻의 그리스 말에 뿌리를 두고 있는 말이다. 정확하게는 불확실하고 복잡한 상황에서 문제를 가능한 한 빨리 풀기 위해 쓰는 주먹구구식 셈법이나 직관적 판단, 경험과 상식에 바탕을 둔 단순하고 즉흥적인 판단추론을 뜻한다.

휴리스틱이 우리에게 말해주는 것은 늘 불확실한 상황 속에서 판단하고 결정을 내릴 때 대부분 습관대로 반사적으로, 즉 '아무 생각 없는 결정들'을 내리기 쉽다는 것이다. 그것은 인간의 인지적 한계와 오류, 인간의 비합리성에 대한 적나라한 고발이기도 하다. 인간 행동을 연구해온 과학 저널리스트인 레이 허버트가 쓴 《위험한 생각 습관 20》(21세기북스, 2011)이라는 책을 보면, 이 책에서 언급한 대표적인 휴리스틱 외에도 인간의 반사적이고 습관적인 휴리스틱의 종류를 20가지 이상 나열하고 있다. 휴리스틱은 우리가 예상했던 것보다 훨씬 폭넓게 우리의 삶을 지배하고 있다. 익숙한 것에 호감을 보이는 '유창함 휴리스틱', 희소한 것에 더 가치가 있다고 여기는 '희귀성 휴리스틱', 사람들이 맛집을 찾아다니게 된 이유를 설명하는 '수렵채집 휴리스틱', 돈에 대한 갈망이 클수록 식욕이 왕성해지는 '칼로리 휴리스틱' 등등 휴리스틱은 우리의 일상적인 삶을 지배하고 있다.

휴리스틱 이론에 따르면 인간은 의사결정 과정에서 복잡한 논리나 수학적인 계산법을 따르지 않는다. 대부분 경험과 상식, 직관에 따라 결정하는데, 때로는 그런 휴리스틱적인 사고가 치명적인 위험을 초래하기도 한다. 위험을 피하고 보다 합리적이고 의식적인 선택과 결정을 내리기 위해선 자신 속에 본능처럼 내재되어 있는 휴리스틱적인 사고를 넘어설 필요가 있다. 휴리스틱에 대한 보다 전문적인 이해를 필요로 한다면, 대니얼 카너먼의 명저 《불확실한 상황에서의 판단》을 참고하길 바란다.

참고문헌

닉 혼비, 《하이 피델리티》, 오득주 옮김, 미디어2.0, 2007.

대니얼 카너먼 외, 《불확실한 상황에서의 판단》, 이영애 옮김, 아카넷, 2010.

대니얼 카너먼, 《생각에 관한 생각》, 이진원 옮김, 김영사, 2012.

롤프 도벨리, 《스마트한 선택들》, 두행숙 옮김, 걷는나무, 2012.

리드 몬터규, 《선택의 과학》, 박중서 옮김, 사이언스북스, 2011.

밀란 쿤데라, 〈누구도 웃지 않으리〉, 《우스운 사람들》,
방미경 옮김, 민음사, 2013

＿＿, 《참을 수 없는 존재의 가벼움》, 이재룡 옮김,
민음사, 2009.

배리 슈워츠, 《선택의 심리학》, 형선호 옮김,
웅진지식하우스, 2012.

소포클레스, 《오이디푸스 왕》, 강대진 옮김, 민음사, 2005.

스펜서 존슨, 《선택》, 형선호 옮김, 청림출판, 2005.

에픽테토스, 《엥케이리디온》, 김재홍 옮김, 까치, 2003.

윌리엄 셰익스피어, 《끝이 좋으면 다 좋아》, 신정옥 옮김,
전예원, 1999.

이케가야 유지, 《단순한 뇌 복잡한 나》, 이규원 옮김,
은행나무, 2012.

장 폴 사르트르, 《벽》, 김희영 옮김, 문학과지성사, 2005.

파스칼 메르시어, 《리스본행 야간열차》(전2권), 전은경 옮김,
들녘, 2007.

한스 자너, 《야스퍼스》, 신상희 옮김, 한길사, 1998.

휴버트 드레이퍼스ㆍ숀 도런스 켈리, 《모든 것은 빛난다》,
김동규 옮김, 사월의책, 2013.

배반인문학
선 택

초판 1쇄 발행 2014년 1월 29일
개정판 1쇄 발행 2021년 9월 13일
개정판 5쇄 발행 2025년 8월 11일

지은이 · 김운하
펴낸이 · 주연선

(주)은행나무
04035 서울특별시 마포구 양화로11길 54
전화 · 02)3143-0651~3 | 팩스 · 02)3143-0654
신고번호 · 제 1997—000168호(1997. 12. 12)
www.ehbook.co.kr
ehbook@ehbook.co.kr

ISBN 979-11-6737-064-8 (04100)
ISBN 979-11-6737-005-1 (세트)

• 이 책의 판권은 지은이와 은행나무에 있습니다. 이 책 내용의 일부 또는 전부를 재사용하려면 반드시 양측의 서면 동의를 받아야 합니다.

• 잘못된 책은 구입처에서 바꿔드립니다.